第3章 2割特例

第4章　登録番号とインボイスの記載事項

6訂版

Q&Aでよくわかる

消費税㊕
インボイス対応

要点ナビ

税理士　熊王 征秀［著］

決定版

日本法令®

６訂にあたって

　インボイス制度がスタートし、日本の消費税もついに新しい時代を迎えることとなりました。また、インボイス制度の開始に伴い消費税法基本通達が改正され、令和5年10月1日より適用することとなりました。この改正基本通達は、令和5年6月1日に国税庁から『「消費税法基本通達の制定について」（法令解釈通達）の一部改正（案）に対する意見公募手続の実施について』が公表され、微修正を加えた上で、令和5年8月10日に公表されています。

　6訂にあたっては、インボイス通達の番号を新基本通達に改編するとともに、掲載内容をインボイス開始後のものに改めました。また、国税庁から公表された「インボイスQ&A（令和5年10月改訂）」に追加掲載された問や登録新制度の取下書の取扱い（インボイス制度において事業者が注意すべき事例集）など、五月雨式に公表された情報を整理して、必要なものをコンパクトにまとめて掲載した次第です。

　インボイス制度の総仕上げとして本書をご活用ください。

令和5年10月

熊王　征秀

はじめに

　令和5年10月から導入される適格請求書等保存方式（日本型インボイス制度）については、本年10月から登録申請がスタートします。インボイスの登録が必要となるのは課税事業者だけではありません。免税事業者についても、取引先からインボイスの発行を要請され、事業継続のために納税を覚悟の上で登録せざるを得ないケースも多いものと思われます。したがって、インボイス制度の内容や登録のメリットとデメリットを検討した上で、早めに準備を進めていく必要があるのです。

　本書では、インボイスに関する知識がゼロの方を対象に、本番に向けた準備と実務上の留意点について、Q&A形式でポイントを確認していきます。日本型インボイス制度については、本番に向けた準備がすべてです。本番前にしっかりと準備をしておけば、そんなに厄介な改正ではないのです。言い換えれば、事前準備を怠ったままで本番に突入するようなことになれば、取り返しのつかないことにもなりかねないということです。

　本書をうまく利用して、しっかりと事前準備をするようにしてください。

　なお、電子帳簿保存法の改正に伴い、電子インボイスに関する取扱いが今後大きく変わることが予想されますので、本書では、あえて電子インボイスに関する詳細については触れないこととしました。今後の情報を待ちたいと思

います。あらかじめご了承ください。

　本書が実務に携わる皆様のお役に立てば、これに勝る喜びはありません。

　　令和3年6月

熊王　征秀

第5章 適格請求書発行事業者の義務

第6章 仕入税額控除の要件

第7章 税額の計算方法が変わる！

第8章 登録の取消しはどうする？

第9章 こんなときどうする？よくある疑問と回答

凡　例

　本書では、かっこ内等において、法令・通達等の表記につき、以下のように省略している。

消費税法	消法
消費税法施行令	消令
消費税法施行規則	消規
所得税法等の一部を改正する法律（平成 27 年法律第 9 号）	平成 27 年改正法
所得税法等の一部を改正する法律（平成 28 年法律第 15 号）	平成 28 年改正法
消費税法施行令等の一部を改正する政令（平成 30 年政令第 135 号）	平成 30 年改正消令
消費税法基本通達	消基通
平成元年 3 月 1 日付直法 2 - 1「消費税法等の施行に伴う法人税の取扱いについて」（法令解釈通達）の一部改正（課法 2 - 6、令和 3 年 2 月 9 日）	新経理通達
消費税の軽減税率制度に関する Q&A（制度概要編）（平成 28 年 4 月）（令和 5 年 10 月改訂）	軽減税率 Q＆A（制度概要編）
消費税の軽減税率制度に関する Q&A（個別事例編）（平成 28 年 4 月）（令和 5 年 10 月改訂）	軽減税率 Q＆A（個別事例編）
消費税の仕入税額控除制度における適格請求書等保存方式に関する Q&A（平成 30 年 6 月）（令和 5 年 10 月改訂）	インボイス Q＆A

令和3年改正消費税経理通達関係Q＆A（令和3年2月）	新経理通達Q＆A
適格請求書発行事業者公表サイトの運営方針（令和3年7月）（令和5年1月改訂）	運営方針
法人税法	法法
法人税基本通達	法基通
インボイス制度の負担軽減措置のよくある質問とその回答　財務省（令和5年3月31日時点）	よくある質問とその回答

第1章

インボイス制度の概要

消費税の基本的な
しくみ

Q1

消費税の基本的なしくみについて教えてください。

A 消費税とは、物の販売や貸付け、サービスなどに対して課税される税金で、<u>その商品の販売価格やサービスなどの代金に10%の税金を上乗せし、購入者や受益者に税を負担させる</u>ことを予定して立法されています。

(注) 飲食料品や宅配新聞については、8%の軽減税率が適用されます。

　例えば、宝石店が100万円で指輪を販売しようとする場合には、宝石店は購入者から110万円を領収し、うち10万円（100万円×10%）を税務署に払うことになるかというと、実はそうではありません。

　消費税は、その取引が消費者に対する小売りなのか、宝石店に対する卸売りなのかということに関係なく、<u>取引の都度、その取引金額に10%の税率で課税する</u>ことになっています。

　つまり、宝石店は、この指輪を問屋から仕入れる際に、問屋が上乗せした消費税を仕入代金とともに払っているわ

けですから、これを差し引いた金額だけ税務署に納めれば
よいわけです。

　例えば、宝石店がこの指輪を問屋から仕入れる際に、仕
入代金の60万円と10％の消費税（60万円×10％＝6万
円）あわせて66万円を問屋に支払い、これを顧客（消費
者）に販売する際に、代金100万円と10％の消費税（100
万円×10％＝10万円）、あわせて110万円を領収したよ
うな場合には、この宝石店が税務署に納付する消費税は、
預かった消費税10万円から支払った消費税6万円を差し
引いた4万円となります。

　問屋の仕入れを無視して考えた場合、問屋の納付する消
費税（6万円）と宝石店の納付する消費税（4万円）の合
計額10万円は、最終購入者である消費者の税負担額と一
致することになります。

　つまり、<u>消費税は、各取引段階にいる事業者が、消費者
の負担すべき消費税を分担して納税するシステム</u>になって
いるのです。

単段階課税と多段階課税

Q2

　Q1 の宝石の売買に関する課税方法について疑問があります。取引の都度課税すると納税事務が煩雑になるので、問屋から宝石店に指輪を販売したときには課税せず、宝石店が指輪を小売りしたときだけ課税して、宝石店が 10 万円を納税したほうが効率的ではないでしょうか？

A　昭和の時代、消費税が導入される前には「**物品税**」という税金がありました。**物品税とは、貴金属や毛皮、自動車、時計などの贅沢品に課税していた税金**です。

　課税物品表に掲げる物品は、第一種の物品と第二種の物品に区分され、それぞれ課税方式が異なっていました。貴金属や毛皮などの第一種の物品は**小売課税制度**、自動車や電化製品などの第二種の物品は製造場からの蔵出時に課税する**移出課税制度**を採用していました。

　物品税は消費に担税力を求めて課税する税金ですから、本来であれば小売課税が理想的な課税方式です。しかし、課税物品のすべてを小売課税にした場合、膨大な数の零細

　小売業者が納税義務者に取り込まれることになり、納税事務負担と徴税事務負担が増大することになります。また、大手製造メーカーが物品税の納税義務を負わないことになるなどの問題もあり、現実的ではありません。

　こういった理由から、第二種の物品については移出課税制度を採用したものと思われます。

　第一種の物品である貴金属などについては小売課税制度が採用されていましたが、この小売課税制度は理想的ではあるものの、課税技術上の問題があることも事実です。たとえば、**Q1**の宝石店において、指輪を販売する場合を想像してみてください。お客さんは、この宝石店で指輪を購入したら物品税が課税されるのに対し、問屋に直接買い付けに行けば課税されないということになると、誰もが問屋に買いに行くのではないでしょうか？　こういった事態を防ぐために、貴金属の販売業者については「販売業者証明書」を交付し、この証明書の提示がなければ貴金属の売買はできないこととしていたのです。

　このように、単段階課税方式はシンプルではあるものの、課税技術上の問題点が多いことも事実なのです。これに対し、消費税のような多段階課税の間接税は、手間がかかる半面、単段階課税方式の課税技術上の問題点を解消することができますので、課税方式としては優れた制度だということができます。

3 インボイスとは？

Q3

なぜインボイスが必要なのですか？　インボイスが
ないとどうなるのですか？

A インボイス（適格請求書等）とは、簡単にいうと
「仕入先が納税したことを証明する書類」です。

Q1 のケースであれば、宝石店は、問屋が発行したイン
ボイスにより問屋が6万円の消費税を納税したことが確認
できますので、税の累積を排除するために、仕入時に負担
した6万円の税額を10万円の売上税額から控除すること
ができるのです。

インボイスがないと、仕入先が納税しているかどうかを
確認することができません。言い換えれば、免税事業者が
消費税相当額を売値に転嫁してきたとしても、買い手はこ
れを拒むことができないということです。

そこで、インボイス制度を採用してこなかった日本で
は、納税義務がない免税事業者からの仕入れについても課
税されているものと割り切って、**仕入税額控除**を認めるこ
ととしてきました。

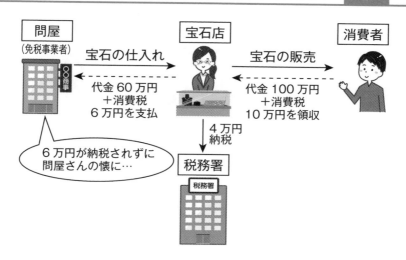

　資本金が1,000万円未満の新設の法人は、基準期間がない設立事業年度とその翌事業年度は、原則として納税義務がありません。

　そこで、実務の世界では、計画的に資本金1,000万円未満で法人を設立し、この免税事業者である新設の法人に支払った外注費や人材派遣料を仕入控除税額の計算に取り込んで節税を図ろうとする動きがあります。

　消費者が負担する消費税が国庫に収納されず、事業者の懐に残ってしまうというこの「**益税問題**」は、インボイス制度の導入により、ひとまずは解消されることとなったのです。

インボイスが導入されるとどうなる？

Q4

インボイス制度（適格請求書等保存方式）の導入で何が変わるのですか？

A インボイス制度が導入されると、以下のようになります。

◎インボイスを発行するためには、<u>登録申請が必要です！</u>

◎仕入税額控除の適用を受けるためには<u>インボイスの保存が必要です！</u>

◎請求書などの<u>記載事項が増えます！</u>

インボイスには、<u>税率ごとの消費税額と登録番号を記載</u>することが義務付けられています。ただし、飲食代や小売業・タクシーのレシートなど（**簡易インボイス**）について

は、税率と消費税額のどちらかを記載すればよいことに
なっています。

＜記載事項＞

① 　適格請求書発行事業者の氏名又は名称

② 　**登録番号**

③ 　取引年月日

④ 　取引内容（軽減対象品目である場合にはその旨）

⑤ 　税抜（税込）取引金額を税率ごとに区分した合計額

⑥ 　**⑤に対する消費税額等及び適用税率**

⑦ 　請求書等受領者の氏名又は名称

（注）　**太字**が区分記載請求書から適格請求書への移行に伴
い追加された記載事項です。

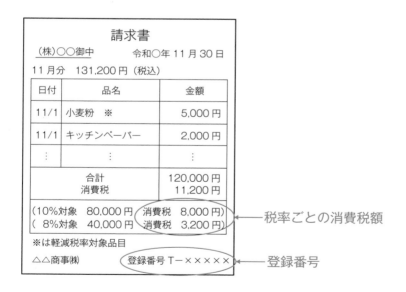

請求書

(株)○○御中　　　　令和○年 11 月 30 日

11 月分　131,200 円（税込）

日付	品名	金額
11/1	小麦粉　※	5,000 円
11/1	キッチンペーパー	2,000 円
⋮	⋮	⋮
合計 消費税		120,000 円 11,200 円

(10％対象　80,000 円　消費税　8,000 円)　◀── 税率ごとの消費税額
(　8％対象　40,000 円　消費税　3,200 円)

※は軽減税率対象品目

△△商事㈱　　　　登録番号 T−×××××　◀── 登録番号

Column

物 品 税

　消費税が導入される前、昭和の時代には、貴金属や毛皮、自動車、時計などの贅沢品に対して物品税という税金が課税されていました。

　音楽を楽しむ場合には、今は CD……というよりも音楽プレーヤーが主流のようですが、昭和の時代には音楽プレーヤーなどありませんでしたので、専らレコードやカセットテープレコーダーで音楽を楽しんでいたのです。このレコードなどについても、贅沢品として物品税が課税されていたのですが、童謡などの教育に関するものは非課税として取り扱われていました。

　ここで問題となったのが「童謡」の定義です。著者が小学生の頃、皆川おさむの「黒猫のタンゴ」という歌が大流行しましたが、このレコードは歌謡曲ということで物品税が課税されたのに対し、子門真人の「およげ！たいやきくん」のレコードは童謡だから非課税とされたそうです（フリー百科事典より）。

　私には「クロネコ」と「タイヤキ」の区別がつきません……。

第2章

登録の準備をはじめよう！

1 登録通知

Q5

申請をしてから登録通知を受けるまでの期間はどの程度になりますか？　通知があるまでの期間と通知方法について教えてください。

A

1　申請から通知までの期間（インボイスQ&A 問4）

　登録申請書を提出してから登録通知までに要する期間は「国税庁適格請求書発行事業者公表サイト」に掲載されています。また、事前にメールアドレスを登録すると、登録通知が「通知書等一覧」に格納されたことを知らせるメールが送信されることとなったため、すぐに登録通知を確認することができます。

　（注）　国税局（所）では、「**インボイス登録センター**」を設置し、インボイス制度に関する申請書の入力や電話照会等の事務について集約処理を行います。よって、インボイス制度に関する申請書等を書面により提出する場

合は、所轄税務署ではなく、インボイス登録センターへ郵送で送付する必要があります。

2　通知の方法（インボイスQ&A問3）

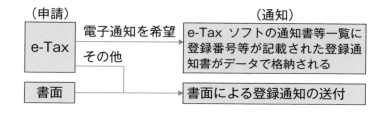

（注）　電子版登録申請書の☑欄にチェックしないと、電子による通知ではなく、書面による通知となりますのでご注意ください（14頁参照）。

　　　また、登録通知書は、原則として再発行を行いませんので大切に保管してください。

電子通知を希望した場合、次のようなメリットがありますので、国税庁のQ&Aでもe-Taxによる申請を推奨しているようです。

①　税務署での処理後、速やかに電子通知が行われるため、書面通知よりも早く登録通知書を受領することができます。

②　メッセージボックス内にデータが保管されるため、登録通知書を紛失するおそれがありません。

③　メールに登録通知のデータを添付して、取引先に連絡することができます。

適格請求書発行事業者の登録申請書

令和　　年　　月　　日		（フリガナ）	
	申	住所又は居所 （法人の場合） 本 店 又 は 主 た る 事 務 所 の 所 在 地	（〒　　－　　　） ⊛（法人の場合のみ公表されます） （電話番号　　　－　　　－　　　）
		（フリガナ）	
	請	納 税 地	（〒　　－　　　） （電話番号　　　－　　　－　　　）
		（フリガナ）	
		氏 名 又 は 名 称	⊛
	者	（フリガナ） （法人の場合） 代 表 者 氏 名	
税務署長殿		法 人 番 号	

　この申請書に入力した次の事項（⊛印欄）は、適格請求書発行事業者登録簿に登載されるとともに、国税庁ホームページで公表されます。
1　申請者の氏名又は名称
2　法人（人格のない社団等を除く。）にあっては、本店又は主たる事務所の所在地
　なお、上記1及び2のほか、登録番号及び登録年月日が公表されます。
　また、常用漢字等を使用して公表しますので、申請書に入力した文字と公表される文字とが異なる場合があります。

　下記のとおり、適格請求書発行事業者としての登録を受けたいので、消費税法第57条の2第2項の規定により申請します。

事 業 者 区 分		この申請書を提出する時点において、該当する事業者の区分に応じ、〇をチェックしてください。 ※　次葉「登録要件の確認」欄を入力してください。また、免税事業者に該当する場合には、次葉「免税事業者の確認」欄も入力してください（詳しくはヘルプをご確認ください。）。	
		〇 課税事業者（新たに事業を開始した個人事業者又は新たに設立された法人等を除く。）	
		〇 免税事業者（新たに事業を開始した個人事業者又は新たに設立された法人等を除く。）	
	〇	新たに事業を開始した個人事業者又は新たに設立された法人等	
		〇 事業を開始した日の属する課税期間の初日から登録を受けようとする事業者 ※　課税期間の初日が令和5年9月30日以前の場合の登録年月日は、令和5年10月1日となります。	課 税 期 間 の 初 日 令和　　年　　月　　日
		〇 上記以外の課税事業者	
		〇 上記以外の免税事業者	

> チェックを忘れると書面による通知になりますのでご注意ください。

税 理 士 署 名	
	（電話番号　　　－　　　－　　　）

本 申 請 に 係 る 通 知 書 等 に つ い て 、 e - T a x に よ る 通 知 を 希 望 し ま す 。　　□
※　通知の内容によっては、e-Taxによる通知を行うことができない場合があります。

記載要領についてはヘルプを参照してください。

2 適格請求書発行事業者登録制度①

Q6

課税事業者は、登録をしなくてもインボイスを発行することができるのでしょうか？

A 事業者は、登録をしなければインボイスを発行することはできません！

「適格請求書発行事業者」とは、納税地の所轄税務署長に

「適格請求書発行事業者の登録申請書」

を提出し、適格請求書を交付することのできる事業者として登録を受けた事業者をいいます（消法2①七の二）。

国内事業者用

適格請求書発行事業者の登録申請書

【1／2】

この申請書は、令和五年十月一日から令和十二年九月二十九日までの間に提出する場合に使用します。

収受印

令和　年　月　日	申請者	（フリガナ）	
		住所又は居所 （法人の場合） 本店又は 主たる事務所 の所在地	（〒　　－　　） ◎（法人の場合のみ公表されます） （電話番号　　－　　－　　）
		（フリガナ）	
		納税地	（〒　　－　　） （電話番号　　－　　－　　）
		（フリガナ）	
		氏名又は名称	◎
		（フリガナ） （法人の場合） 代表者氏名	
＿＿＿＿税務署長殿		法人番号	

個人事業者は
記載不要です

　この申請書に記載した次の事項（　◎印欄　）は、適格請求書発行事業者登録簿に登載されるとともに、国税庁ホームページで公表されます。
1　申請者の氏名又は名称
2　法人（人格のない社団等を除く。）にあっては、本店又は主たる事務所の所在地
　なお、上記1及び2のほか、登録番号及び登録年月日が公表されます。
　また、常用漢字等を使用して公表しますので、申請書に記載した文字と公表される文字とが異なる場合があります。

　下記のとおり、適格請求書発行事業者としての登録を受けたいので、消費税法第57条の2第2項の規定により申請します。

事業者区分	この申請書を提出する時点において、該当する事業者の区分に応じ、□にレ印を付してください。 ※　次葉「登録要件の確認」欄を記載してください。また、免税事業者に該当する場合には、次葉「免税事業者の確認」欄も記載してください（詳しくは記載要領等をご確認ください。）。	
	□　課税事業者（新たに事業を開始した個人事業者又は新たに設立された法人等を除く。）	
	□　免税事業者（新たに事業を開始した個人事業者又は新たに設立された法人等を除く。）	
	□　新たに事業を開始した個人事業者又は新たに設立された法人等	
	□　事業を開始した日の属する課税期間の初日から登録を 　　受けようとする事業者 　　※　課税期間の初日が令和5年9月30日以前の場合の登録 　　年月日は、令和5年10月1日となります。	課税期間の初日 令和　年　月　日
	□　上記以外の課税事業者	
	□　上記以外の免税事業者	

税理士署名	（電話番号　　－　　－　　）

※税務署処理欄	整理番号		部門番号		申請年月日	年　月　日	通信日付印	年　月　日	確認	
	入力処理	年　月　日	番号確認		身元確認	□　済 □　未済	確認書類	個人番号カード／通知カード・運転免許証 その他（　　　）		
	登録番号　T									

注意　1　記載要領等に留意の上、記載してください。
　　　2　税務署処理欄は、記載しないでください。
　　　3　この申請書を提出するときは、「適格請求書発行事業者の登録申請書（次葉）」を併せて提出してください。

16

「課税事業者選択届出書」を提出せずに登録申請する免税事業者がチェックします。

事前に「課税事業者（選択）届出書」を提出した上で登録申請する事業者がチェックします。

国内事業者用

適格請求書発行事業者の登録申請書（次葉）

【2/2】

氏名又は名称

登録申請書の提出日から15日を経過する日以後の日を記載します（詳細はQ17参照）。

免税事業者の確認	該当する事業者の区分に応じ、□にレ印を付し記載してください。					
	□ 令和11年9月30日までの日の属する課税期間中に登録を受け、所得税法等の一部を改正する法律（平成28年法律第15号）附則第44条第4項の規定の適用を受けようとする事業者 ※ 登録開始日から納税義務の免除の規定の適用を受けないこととなります。					
	個 人 番 号					
	事業内容等	生年月日（個人）又は設立年月日（法人）	1明治・2大正・3昭和・4平成・5令和 年　月　日	法人のみ記載	事業年度	自　月　日 至　月　日
					資本金	円
		事 業 内 容		登録希望日	令和　年　月　日	
	□ 消費税課税事業者（選択）届出書を提出し、納税義務の免除の規定の適用を受けないこととなる翌課税期間の初日から登録を受けようとする事業者 ※ この場合、翌課税期間の初日から起算して15日前の日までにこの申請書を提出する必要があります。			翌課税期間の初日	令和　年　月　日	
	□ 上記以外の免税事業者					

必ず「はい」にチェックします。

登録要件の確認	課税事業者です。 ※ この申請書を提出する時点において、免税事業者であっても、「免税事業者の確認」欄のいずれかの事業者に該当する場合は、「はい」を選択してください。	□ はい □ いいえ
	納税管理人を定める必要のない事業者です。 （「いいえ」の場合は、次の質問にも答えてください。）	□ はい □ いいえ
	納税管理人を定めなければならない場合（国税通則法第117条第1項） 【個人事業者】 国内に住所及び居所（事務所及び事業所を除く。）を有せず、又は有しないこととなる場合 【法人】 国内に本店又は主たる事務所を有しない法人で、国内にその事務所及び事業所を有せず、又は有しないこととなる場合	
	納税管理人の届出をしています。 「はい」の場合は、消費税納税管理人届出書の提出日を記載してください。 消費税納税管理人届出書　（提出日：令和　年　月　日）	□ はい □ いいえ
	消費税法に違反して罰金以上の刑に処せられたことはありません。 （「いいえ」の場合は、次の質問にも答えてください。）	□ はい □ いいえ
	その執行を終わり、又は執行を受けることがなくなった日から2年を経過しています。	□ はい □ いいえ
相続による事業承継の確認	相続により適格請求書発行事業者の事業を承継しました。 （「はい」の場合は、以下の事項を記載してください。）	□ はい □ いいえ
		月日　令

加算税や延滞税は罰金ではありません。

どちらの「いいえ」にもチェックが入る場合には、税務署長は登録を拒否することができます（消法57の2⑤一）。

相続人	納　税　地	
	（フリガナ）	
	氏　　名	
	登 録 番 号	T
参考事項		

（縦書き右端）令和五年十月一日から令和十二年九月二十九日までの間に提出する場合に使用します。

3 適格請求書発行事業者登録制度②

Q7

　Q6 に関連して質問します。課税事業者は必ず登録をして「適格請求書発行事業者」となる必要があるのでしょうか？

A　「登録」は、必ずしも課税事業者に義務付けられているものではありません。よって、適格請求書を発行する必要のない課税事業者は、あえて登録をする必要はありません。

　例えば、パチンコ店やゲームセンターなどの利用者は事業者ではありません。よって、パチンコ店の経営者などがあえてインボイスの登録をして手間暇をかける必要もありませんので、課税事業者であっても登録をしないという選択もあるのではないかと思われます。

　なお、課税事業者であっても登録をしなければ適格請求書発行事業者になることはできませんので、当然にインボイスを発行することはできません。

　また、課税事業者が適格請求書の登録をしなかったからといって、納税義務が免除されるわけではありませんので

ご注意ください。

　　仕入税額控除の適用を受けようとする事業者は、

インボイスの保存が仕入税額控除の要件となります！

　　よって、適格請求書発行事業者は、取引先から要求されたときは、

インボイスを交付することが義務付けられています。

　したがって、適格請求書の記載事項を確認した上で、オリジナルのインボイスのひな型を決定するなどの事前の準備が必要となります。

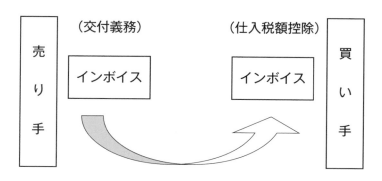

免税事業者は
どうなる？

Q8

　免税事業者が取引先からインボイスの登録（交付）を要求された場合、これを拒むことはできますか？

A　インボイスの登録を強要することはできませんが、<u>インボイスの交付ができないことを理由に取引を拒まれる可能性があります</u>。

　免税事業者はインボイスを発行することができません。インボイス制度が導入される前であれば、免税事業者との取引でも仕入税額控除の対象とすることができたのですが、インボイス制度の導入により、免税事業者からはインボイスがもらえないこととなります。

　インボイスがないと仕入税額控除ができないため、仕入側では納付する税額が増えることになります。

　結果、免税事業者との取引が減少して、免税事業者は商売ができなくなるかもしれません。

　よって、取引先からの要請などにより、インボイスの登録申請をする事業者が増加するものと思われます。

　ここで注意したいのは、

免税事業者は登録申請ができない！

ということです。

　基準期間における課税売上高が1,000万円以下の免税事業者が「適格請求書発行事業者」になるためには、原則として「課税事業者選択届出書」を提出し、課税事業者となった上で登録申請をする必要があるのです（**Q14** 参照）。

	適格請求書の登録	適格請求書の発行	申告義務
課税事業者	有	○	有
	無	×	
免税事業者	×	×	無

課税選択

5 免税事業者が売値に消費税を転嫁することはできるか？

Q9

免税事業者は、令和5年10月1日以後も売値に消費税を転嫁することはできますか？

A 令和5年9月30日までの間は、免税事業者との取引であっても仕入税額控除の対象とすることができました。こういった理由から、<u>免税事業者が発行する区分記載請求書等には、軽減税率の適用対象取引であることと、税率ごとの取引金額を記載することが義務付けられています</u>（軽減税率 Q&A（個別事例編）問 111）。

軽減税率 Q&A（個別事例編）問 111 には、「……免税事業者は、取引に課される消費税がないことから、請求書等に「消費税額」等を表示して別途消費税相当額等を受け取るといったことは消費税の仕組み上、予定されていません」との記載がされています。しかし、免税事業者が別途消費税相当額を受け取ることは法令などで禁止されていないため、現実の商取引においては、免税事業者でも外税で消費税相当額を受領しています。

<u>令和5年10月以降に、免税事業者が消費税相当額を</u>

記載した書類を発行することは、法令上禁止されてはいないものの、取引先とのトラブルに繋がる可能性がありますので、注意が必要です（消法65四）。

❖旧転嫁対策特別措置法との関係

　旧転嫁対策特別措置法では、免税事業者への減額要請や買いたたきが禁止されていました。

　例えば、税率が8％から10％に引上げになる際に、免税事業者が10,800円の商品を11,000円で売ることは、事実上認められていたのです。

　だからといって、インボイス導入後も免税事業者が消費税相当額を請求できるかというと、これはまた次元の違う話ではないかと思われます。旧転嫁対策特別措置法で禁止されていた免税事業者への減額要請や買いたたきは、令和3年3月31日の法律の失効とともに消滅したものと考えるべきではないでしょうか（私見）。

❖免税事業者及びその取引先のインボイス制度への対応に関するQ＆A

　財務省は、公正取引委員会・経済産業省・中小企業庁・国土交通省との連名で、「免税事業者及びその取引先のインボイス制度への対応に関するQ＆A」を令和4年1月19日に公表（令和4年3月8日に改正）しました。次頁以降にQ＆Aの概要を掲載しましたので参考にしてください。

参 考 インボイス制度への対応に関するＱ＆Ａについて（概要）

■インボイス制度で何が変わるのか

Q1 インボイス制度が実施されて、何が変わりますか？

　課税事業者がインボイス発行事業者の登録を受けることで、インボイスを発行できるようになります。インボイスには消費税額等が記載されるため、その転嫁がしやすくなる面もあると考えられます。事業者は請求書等の記載事項やシステムの改修等への対応が必要となる場合があるところ、改正電子帳簿保存法の活用を図るほか、デジタル化の推進のための専門家派遣やＩＴの導入支援などを行います。

■免税事業者への影響

Q2 免税事業者であり続けた場合、必ず取引に影響が生じるのですか？

　売上先が、以下のどちらかに該当する場合は、取引への影響は生じないと考えられます。
① 　売上先が消費者又は免税事業者である場合
② 　売上先の事業者が簡易課税制度を適用している場合
　そのほか、消費税が非課税とされるサービス等を提供している事業者に対して、そのサービス等のために必要な物品を販売している場合なども、取引への影響は生じないと考えられます。

Q3 売上先がＱ2のいずれにも当てはまらない場合、免税事業者の取引にはどのような影響が生じますか？

　免税事業者の取引への影響に配慮して経過措置が設けられており、インボイス制度の実施後6年間は、仕入税額控除が可能とされています。なお、売上先の意向で取引条件が見直される場合、その方法や内容によっては、売上先は独占禁止法・下請法・建設業法により問題となる可能性があります（Q7参照）。

Q4 免税事業者が課税事業者を選択した場合、何が必要になりますか？

　課税事業者を選択した場合、消費税の申告・納税等が必要になりますが、課税売上高が5,000万円以下の事業者は簡易課税制度を適用でき、その場合は仕入れの際にインボイスを受け取り、保存する必要はありません。

■課税事業者の留意点

Q5 課税事業者は、免税事業者からの仕入れについて、どのようなことに留意すればいいですか？

　簡易課税制度を適用している場合は、インボイスを保存しなくても仕入税額控除ができるため、仕入先との関係では留意する必要はありません。簡易課税制度を適用していない場合も、取引への影響に配慮して経過措置が設けられており、免税事業者からの仕入れについても、制度実施後3年間は消費税相当額の8割、その後の3年間は5割を仕入税額控除が可能とされています。

　また、消費税の性質上、免税事業者も自らの仕入れに係る消費税を負担しており、その分は免税事業者の取引価格に織り込まれる必要があることにも、ご留意ください。

Q6 課税事業者が、新たな相手から仕入れを行う場合、どのようなことに留意すればいいですか？

　簡易課税制度を適用している場合は、インボイスを保存しなくても仕入税額控除ができるため、仕入先との関係では留意する必要はありません。

　また、簡易課税制度を適用していない場合は、取引条件を設定するに当たり、相手がインボイス発行事業者かを確認する必要があると考えられます。免税事業者から仕入れを行う場合は、設定する取引価格が免税事業者を前提としたものであることを、互いに理解しておく必要もあると考えられます。

■独占禁止法等において問題となる行為

Q7 仕入先である免税事業者との取引について、インボイス制度の実施を契機として取引条件を見直すことを検討していますが、独占禁止法などの上ではどのような行為が問題となりますか？

1　取引対価の引下げ

　取引上優越した地位にある事業者（買手）が、免税事業者との取引において、仕入税額控除できないことを理由に取引価格の引下げを要請し、再交渉において、双方納得の上で取引価格を設定すれば、結果的に取引価格が引き下げられたとしても、独占禁止法上問題となるものではありません。しかし、再交渉が形式的なものにすぎず、仕入側の事業者（買手）の都合のみで著しく低い価格を設定し、免税事業者が負担していた消費税額も払えないような価格を設定した場合には、優越的地位の濫用として独占禁止法上問題となります。

2　商品・役務の成果物の受領拒否等

　取引上の地位が相手方に優越している事業者（買手）が、仕入先から商品を購入する契約をした後において、仕入先がインボイス発行事業者でないことを理由に商品の受領を拒否することは、優越的地位の濫用として問題となります。

3　協賛金等の負担の要請等

　取引上優越した地位にある事業者（買手）が、インボイス制度の実施を契機として、免税事業者である仕入先に対し、取引価格の据置きを受け入れる代わりに、取引の相手方に別途、協賛金、販売促進費等の名目で金銭の負担を要請することは、当該協賛金等の負担額及びその算出根拠等について、仕入先との間で明確になっておらず、仕入先にあらかじめ計算できない不利益を与えることとなる場合などには、優越的地位の濫用として問題となります。

4　購入・利用強制

　取引上優越した地位にある事業者（買手）が、インボイス制度の実施を契機として、免税事業者である仕入先に対し、取引価格の据置きを受け入れる代わりに、当該取引に係る商品・役務以外の商品・役務の購入を要請することは、仕入先が事業遂行上必要としない商品・役務であり、又はその購入を希望していないときであったとしても、優越的地位の濫用として問題となります。

5　取引の停止

　事業者がどの事業者と取引するかは基本的に自由ですが、取引上の地位が相手方に優越している事業者（買手）が、インボイス制度の実施を契機として、免税事業者である仕入先に対して、一方的に、免税事業者が負担していた消費税額も払えないような価格など著しく低い取引価格を設定し、不当に不利益を与えることとなる場合であって、これに応じない相手方との取引を停止した場合には、独占禁止法上問題となるおそれがあります。

6　登録事業者となるような慫慂等

　課税事業者が、インボイスに対応するために、取引先の免税事業者に対し、課税事業者になるよう要請すること自体は、独占禁止法上問題となるものではありませんが、それにとどまらず、課税事業者にならなければ、取引価格を引き下げるとか、それにも応じなければ取引を打ち切ることにするなどと一方的に通告することは、独占禁止法上又は下請法上、問題となるおそれがあります。

※　上記において、独占禁止法上問題となるのは、行為者の地位が相手方に優越していること、また、免税事業者が今後の取引に与える影響等を懸念して、行為者による要請等を受け入れざるを得ないことが前提となります。

免税事業者の準備

Q8 に関連して質問します。免税事業者は、事業を継続するためにはインボイスの登録をして納税をしていくしか生き残る術はないのでしょうか？

A インボイスが導入されたからといって、<u>すべての免税事業者が事業の継続に支障を来すわけではありません</u>。地元商店街の青果店や鮮魚店のように、近所の奥様方を相手に商売している小規模なお店では、インボイスを要求するお客さんなどほとんどいないはずです。よって、インボイス制度が導入された後でも免税事業者のまま商売を続けていけるものと思われます。

問題は、事業者間取引がある免税事業者です。

例えば、次頁のように課税事業者（A）から免税事業者（B）、免税事業者（B）から課税事業者（C）と商品が流通するケースを想定してみましょう。

（C）は（B）から商品を仕入れるとインボイスを入手することができません。必然的にインボイスがもらえる課税事業者との取引にシフトすることになり、免税事業者が取

引から除外されることが危惧されます。

　また、免税事業者である（B）に対し、インボイスの登録を要請することも予想されます。事業者間取引では、免税事業者でも売上高に消費税相当額を上乗せして受領するのが一般的ですので、免税事業者は、価格の改定についてより慎重な判断が要求されることになりそうです。

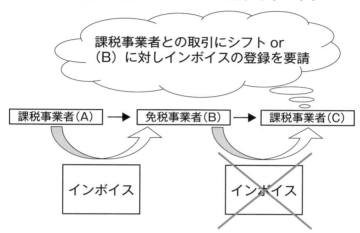

❖ 免税事業者には経過措置がある！

　免税事業者や消費者のほか、課税事業者でも登録を受けなければインボイスの発行はできません。そこで、適格請求書発行事業者以外の者（非登録事業者）からの課税仕入れについては、次頁のような経過措置が設けられています。この場合には、区分記載請求書等保存方式の適用期間において要件とされていた「法定事項が記載された帳簿及び請求書等の保存」が必要となりますのでご注意ください。

　また、帳簿には「80％控除対象」など、経過措置の適用

を受けたことを記載することとされていますが、「※」や「☆」などの記号で表示し、これらの記号が経過措置の適用を受ける課税仕入れである旨を別途表示するような簡便的な記載方法でもよいことになっています（平成28年改正法附則52、53、インボイスＱ＆Ａ問113）。

(注) 令和4年度改正により、区分記載請求書等は電子データによる保存でもよいこととなりました。

期　　間	非登録事業者からの課税仕入れの取扱い
～令和5年9月30日	「課税仕入れ等の税額×**100%（全額）**」を仕入控除税額の計算に取り込むことができる
令和5年10月1日～ 令和8年9月30日	「課税仕入れ等の税額×**80%**」を仕入控除税額の計算に取り込むことができる
令和8年10月1日～ 令和11年9月30日	「課税仕入れ等の税額×**50%**」を仕入控除税額の計算に取り込むことができる
令和11年10月1日～	非登録事業者からの課税仕入れは、原則として**全額**仕入税額控除の対象とすることができない

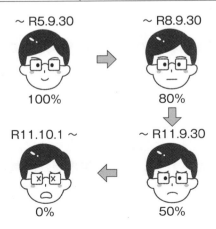

区分記載請求書等
保存方式とは？

Q11

Q10 に関連して質問します。区分記載請求書等保存方式とはどのような制度ですか？

A 仕入税額控除の適用を受けるためには、従来より法定事項が記載された帳簿と請求書等の保存が義務付けられています。令和元年10月1日より軽減税率制度が導入されたことに伴い、帳簿には、新たに「軽減税率対象品目である旨」を記載することが義務付けられました。

また、保存が義務付けられている請求書や領収書、仕入先の確認を受けた上で発行する仕入計算書等については、新たに「軽減税率対象品目である旨」と「税率ごとの税込取引金額」が記載されていることが、仕入税額控除の要件となりました。

これらの法定事項が記載された帳簿と請求書等の保存を義務付けることを「区分記載請求書等保存方式」といいます。

●「区分記載請求書等保存方式」における記載事項

（注）　**太字**部分が令和元年 10 月 1 日より追加された項目

帳簿の記載事項	区分記載請求書等の記載事項
①　仕入先の氏名又は名称	①　請求書等の発行者の氏名又は名称
②　取引年月日	②　取引年月日
③　取引内容 （**軽減税率対象品目である旨**）	③　取引内容 （**軽減税率対象品目である旨**）
④　取引金額（対価の額）	④　取引金額（**税率区分ごとの合計額**）
	⑤　請求書等受領者の氏名又は名称

小売業や飲食店業などについては、区分記載請求書等の記載事項のうち、⑤の「請求書等受領者の氏名又は名称」の記載を省略することができる（消法 30 ⑨一、消令 49 ④）。

❖ 帳簿の記載方法

　帳簿については、申告時に請求書等を個々に確認することなく、帳簿に基づいて税額計算ができる程度に記載してあれば問題ありません。

　したがって、<u>商品の一般的総称でまとめて記載したり、軽減税率の対象となる取引に、「※」や「☆」といった記号・番号等を表示し、これらの記号・番号などが軽減税率の対象であることを表示するような記帳方法も認められます</u>。

　また、元帳などに8％の軽減税率を表示しても構いませんので、帳簿の追記事項については通常の記帳業務で要件は充足されるものと思われます（軽減税率Q＆A（個別事例編）問120）。

総勘定元帳（仕入）			
××年		摘　要	金額
月	日		
×	××	△△商店　雑貨	××
×	××	○○物産　食料品 ※	××
⋮	⋮	⋮	⋮

まとめ記載　　　　　記号・番号・税率による表示

❖区分記載請求書等の記載（事項）方法

区分記載請求書等には、軽減税率対象品目である旨が客観的にわかる程度の記載がされていればよいこととされていますので、個々の取引ごとに適用税率を記載しなくても、軽減税率対象品目に「※」を付けるような方法によることも認められます（消基通1－8－4、軽減税率Ｑ＆Ａ（制度概要編）問13）。

なお、「区分記載請求書等における記載事項」の太字の箇所については、請求書等の交付を受けた事業者が事実に基づき追記することが認められています。

したがって、記載事項に瑕疵がある請求書等を受け取ったとしても、仕入先に再発行をお願いする必要はありません。購入者サイドでは、記載漏れとなっている事項を追記した請求書等を保存することにより、仕入税額控除の適用を受けることができます。

（注1）　令和5年10月以降は、記載事項に誤りのあるインボイスを受け取った事業者は、自らが追記や修正を行うことはできません。したがって、取引先に修正したインボイスの交付を求める必要があります（インボイスＱ＆Ａ問92）。

（注2）　「追記」ができるのは、32頁の太字の箇所だけであることに注意してください。白紙の領収証は無論のこと、日付の記載されていない領収証や「品代」としか記載されていないような領収証は、そもそもの記載要件を具備していないので、追記により補正することはできません。

❖ 記号・番号等を使用した場合の記載例

```
                請　求　書

（株）○○御中            令和○年 11 月 30 日

11 月分　131,200 円（税込）
```

日付	品　名	金　額
11/1	小麦粉※　ⓐ	5,400 円
11/1	キッチンペーパー	2,200 円
11/2	牛肉※　　ⓐ	10,800 円
⋮	⋮	⋮
合　計		131,200 円
ⓑ　10%対象		88,000 円
ⓑ　8%対象		43,200 円

```
※は軽減税率対象品目 ⓒ

                    △△商事㈱
```

ⓐ　軽減税率対象品目には「※」などを記載
ⓑ　税率ごとに合計した税込売上高を記載
ⓒ　「※」が軽減税率対象品目であることを示すこ
　　とを記載

8 インボイスは いつから発行 できる？

Q12

インボイスは登録申請書を提出した日から発行することができますか？

A 登録申請書を税務署長に提出すると、まず、税務署による登録の審査が行われます。その後、登録完了後に税務署から申請者に対して登録完了の通知がされますので、たとえ課税期間の中途における申請であっても申請者は、登録後の期間について、適格請求書発行事業者としてインボイスを発行することができます（インボイスQ＆A問6）。

したがって、通知がされるまでの間は登録番号がありませんので、当然のことながら「適格請求書発行事業者」となることはできません。

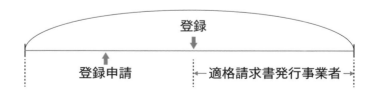

9 免税事業者が登録申請するケース

Q13

免税事業者が、課税事業者となる課税期間の初日から「適格請求書発行事業者」になろうとするときは、登録申請書はいつまでに提出すればよいですか？

A 「適格請求書発行事業者」になろうとする課税期間の初日から起算して15日前の日までに登録申請書を提出しなければなりません（消法57の2②、消令70の2）。よって、個人事業者であれば前年の12月17日まで、9月決算法人であれば、直前事業年度の9月16日までに提出する必要があります。

この場合において、実際の登録日がその課税期間の初日後にずれこんだ場合には、その課税期間の初日に登録を受けたものとみなされますので、登録通知を受け取った後に登録番号を取引先に通知することができます。

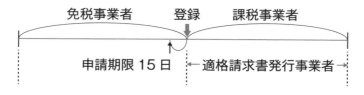

10 免税事業者が令和5年12月1日から登録する場合

私は個人で宅配業を営む消費税の免税事業者ですが、取引先からの要請により、令和5年12月1日から適格請求書発行事業者になることを予定しています。課税事業者でなければ登録申請ができないとのことですので、私は「課税事業者選択届出書」を提出した上で、登録申請をすることになりますか？　この場合、適格請求書発行事業者となる前の期間である令和5年1月1日から11月30日までの取引についても、結果として申告と納税が必要になるのでしょうか？

 A 免税事業者が令和5年10月1日の属する課税期間中に登録を受ける場合には、

「課税事業者選択届出書」の提出が不要

とされています（「課税事業者選択届出書」については

199 頁参照）。

　ご質問のケースであれば、令和 5 年 11 月 16 日までに登録申請書を提出することにより「適格請求書発行事業者」として令和 5 年 12 月 1 日よりインボイスを発行することができます。

　この場合において、令和 5 年 1 月 1 日～令和 5 年 11 月 30 日の間は免税事業者として納税義務はありませんので、<u>登録開始日である令和 5 年 12 月 1 日以後の期間についてのみ、課税事業者として申告義務が発生することになります</u>（平成 28 年改正法附則 44 ④、消基通 21 － 1 － 1）。

　また、<u>「適格請求書発行事業者の登録の取消しを求める旨の届出書（登録取消届出書）」</u>を提出すれば、<u>「課税事業者選択不適用届出書」</u>を提出しなくとも免税事業者になることができます（平成 28 年改正法附則 44 ④、消基通 21 － 1 － 1）。

　（注）「登録の取消し」については第 8 章で詳細に解説をしています。

11 登録した免税事業者が簡易課税の適用を受けようとする場合

Q14 に関連して質問します。令和5年12月1日から登録した免税事業者（個人）が、登録日である令和5年12月1日から簡易課税制度の適用を受けようとする場合には、「簡易課税制度選択届出書」は令和4年中に提出しておく必要があるのでしょうか？

A 令和5年10月1日の属する課税期間中に登録を受けた免税事業者が簡易課税制度の適用を受けようとする場合には、

「簡易課税制度選択届出書」は、その課税期間中に提出すればよい

こととされています（平成30年改正消令附則18）。

「簡易課税制度選択届出書」は事前提出が原則とされているわけですが、インボイスの登録申請をして新たに申告を始める免税事業者が申請前に届出書を提出することは困

40

難です。そこで、令和5年10月1日の属する課税期間中に登録を受けた免税事業者については、その課税期間中に届出書を提出することにより、簡易課税による申告を認めることとしたものです。

　したがって、免税事業者（個人）であれば、令和5年中に「簡易課税制度選択届出書」を提出することにより、提出日の属する期間中の申告から簡易課税によることができます。

　なお、個人事業者の課税期間は暦年ですので、令和5年12月1日から課税事業者となる場合であっても、簡易課税を適用した課税期間の初日は令和5年1月1日となります。よって、簡易課税の拘束期間は令和6年までとなることから、令和6年中に「**簡易課税制度選択不適用届出書**」を提出することにより、令和7年から簡易課税をやめることができます。

免税事業者が令和5年10月1日の属する課税期間中に登録を受ける場合（令和5年12月1日から適格請求書発行事業者になる場合）		登録申請書だけを提出すれば令和5年12月1日から適格請求書発行事業者になることができる（「課税事業者選択届出書」を提出する必要はない）
		登録日の属する課税期間中に「簡易課税制度選択届出書」を提出することにより、提出日の属する課税期間から、簡易課税により仕入控除税額を計算することができる

届出書の提出期限の特例（Q15）の適用を受けようとする場合に✔します。

免税事業者である個人事業者が令和5年12月1日に登録し、令和5年分を簡易課税により申告する場合には、申告が必要となるのは令和5年12月1日～12月31日期間分ですが、届出書には「自令和5年1月1日 至令和5年12月31日」と記載します。

第9号様式

消 費 税 簡 易 課 税 制 度 選 択 届 出 書

収受印

令和　年　月　日	届出者	（フリガナ）	
		納　税　地	（〒　－　　） （電話番号　　－　　－　　）
		（フリガナ）	
		氏 名 又 は 名 称 及 び 代 表 者 氏 名	
＿＿＿＿＿税務署長殿		法 人 番 号	※個人の方は個人番号の記載は不要です。

下記のとおり、消費税法第37条第1項に規定する簡易課税制度の適用を受けたいので、届出します。

□ 所得税法等の一部を改正する法律（平成28年法律第15号）附則第51条の2第6項の規定又は消費税法施行令の一部を改正する政令（平成30年政令第135号）附則第18条の規定により消費税法第37条第1項に規定する簡易課税制度の適用を受けたいので、届出します。

①	適 用 開 始 課 税 期 間	自　令和　　年　　月　　日　　至　令和　　年　　月　　日
②	① の 基 準 期 間	自　令和　　年　　月　　日　　至　令和　　年　　月　　日
③	② の 課 税 売 上 高	円

事 業 内 容 等	（事業の内容）		（事業区分） 第　　　種事業

提 出 要 件 の 確 認	次のイ、ロ又はハの場合に該当する （「はい」の場合のみ、イ、ロ又はハの項目を記載してください。）		はい □　　いいえ □	
	イ	消費税法第9条第4項の規定により課税事業者を選択している場合	課税事業者となった日	令和　年　月　日
			課税事業者となった日から2年を経過する日までの間に開始した各課税期間中に調整対象固定資産の課税仕入れ等を行っていない	はい □
	ロ	消費税法第12条の2第1項に規定する「新設法人」又は同法第12条の3第1項に規定する「特定新規設立法人」に該当する（該当していた）場合	設立年月日	令和　年　月　日
			基準期間がない事業年度に含まれる各課税期間中に調整対象固定資産の課税仕入れ等を行っていない	はい □
	ハ	消費税法第12条の4第1項に規定する「高額特定資産の仕入れ等」を行っている場合（同条第2項の規定の適用を受ける場合） （仕入れ等を行った資産が高額特定資産に該当する場合はAの欄を、自己建設高額特定資産に該当する場合は、Bの欄をそれぞれ記載してください。）	A　仕入れ等を行った課税期間の初日	令和　年　月　日
			この届出による①の「適用開始課税期間」は、高額特定資産の仕入れを行った課税期間の初日から、同日以後3年を経過する日の属する課税期間までの各課税期間に該当しない	はい □
			仕入れ等を行った課税期間の初日	○平成○令和　年　月　日
		B	建設等が完了した課税期間の初日	令和　年　月　日
			この届出による①の「適用開始課税期間」は、自己建設高額特定資産の建設等に要した仕入れ等に係る支払対価の額の累計額が1千万円以上となった課税期間の初日から、自己建設高額特定資産の建設等が完了した課税期間の初日以後3年を経過する日の属する課税期間までの各課税期間に該当しない	はい □
	※　消費税法第12条の4第2項の規定による場合は、ハの項目を次のとおり記載してください。 1「自己建設高額特定資産」は、「調整対象自己建設高額資産」と読み替える。 2「仕入れ等を行った」は、「消費税法第36条第1項又は第3項の規定の適用を受けた」と、「自己建設高額特定資産の建設等に要した仕入れ等に係る支払対価の額の累計額が1千万円以上となった」は、「調整対象自己建設高額資産について消費税法第36条第1項又は第3項の規定の適用を受けた」と読み替える。			
	※　この届出書を提出した課税期間が、上記イ、ロ又はハに記載の各課税期間である場合、この届出書提出後、届出を行った課税期間中に調整対象固定資産の課税仕入れ等を行うと、原則としてこの届出書の提出はなかったものとみなされます。詳しくは、裏面をご確認ください。			

参 考 事 項	

税 理 士 署 名	（電話番号　　－　　－　　）

※税務署処理欄	整理番号		部門番号			
	届出年月日	年　月　日	入力処理	年　月　日	台帳整理	年　月　日
	通信日付印 年　月　日	確認	番号確認			

注意　1．裏面の記載要領等に留意の上、記載してください。
　　　2．税務署処理欄は、記載しないでください。

42

簡易課税の取りやめ

Q15 に関連して質問します。「簡易課税制度選択届出書」を提出した場合でも、後から取りやめをして、令和５年分の申告で本則課税により仕入控除税額を計算することはできますか？

A 「簡易課税制度選択届出書」は、提出期限である令和５年12月31日までであれば取下げが認められています（よくある質問とその回答問７）。

なお、「取下書」には、提出日、届出書の様式名（表題）、提出方法（書面又はe-Tax）、届出者の氏名・名称、納税地、届出書を取り下げる旨の記載をし、署名をして所轄税務署に提出することとされていますが、「取下書」の書式は定められていません。

Column

酒　　税

　酒税とは、その名のとおりお酒に課税する税金です。お酒の種類ごとに税率を定め、酒造場から出荷した数量について、酒造メーカーに月次の申告納付が義務付けられています。平成 30 年度税制改正では、ビールの税率を段階的に引き下げることとしました。缶ビールのロングサイズ（500ml）1 本当たりの酒税額は 110 円でしたが、これが徐々に引下げになり、令和 8 年 10 月からは 77 円 50 銭になる予定です。

　酒税額を 110 円として考えてみましょう。酒造メーカーが、原価 140 円の缶ビールを出荷する際に 50 円のマージンを見込んでいる場合には、この缶ビールに課される酒税相当額をコストと認識して卸値を決定する必要があります。すなわち、卸値を 300 円（140 円＋ 110 円＋ 50 円）に設定しないと、予定するマージンを確保することができません。この場合の消費税ですが、酒税も含んだところの販売価格に 10％の税率で課税されますので、結果、税込の卸値は 330 円となるのです（300 円＋ 300 円× 10％＝ 330 円）。このように、税金（酒税）に対してさらに税金（消費税）が課される状態のことを、洒落た言葉で Tax on Tax と呼ぶそうです。

登録希望日

Q17

登録申請書の次葉（2／2）に設けられた「登録希望日」から登録事業者になるためには、いつまでに登録申請書を提出する必要がありますか？

A 免税事業者は、登録申請書の登録希望日の欄には**登録申請書の提出日から15日を経過する日以後の日を記載しなければなりません。**

この場合において、実際の登録日が登録希望日後にずれこんだ場合には、その登録希望日に登録を受けたものとみなされますので、登録通知を受け取った後に登録番号を取引先に通知すれば、通知前に交付した請求書等はインボイスとしての効力を有することになります（平成30年改正消令附則15②・③）。

〔具体例〕

登録希望日	登録希望日から登録事業者になるための登録申請書の提出期限
1月1日	登録希望日の属する月の前月（12月）の17日
10月1日	登録希望日の属する月の前月（9月）の16日

14 免税事業者（個人）が令和6年から登録する場合

Q18

　免税事業者である個人事業者が令和6年1月1日から適格請求書発行事業者になろうとする場合には、登録申請書だけでなく、「課税事業者選択届出書」も提出する必要がありますか？

A　令和4年度税制改正では、免税事業者が登録の必要性を見極めながら柔軟なタイミングで適格請求書発行事業者となれるようにするため、<u>令和5年10月1日の属する課税期間だけでなく、令和5年10月1日から令和11年9月30日の属する課税期間においても、「課税事業者選択届出書」を提出することなく、登録申請書の提出で、適格請求書発行事業者となることを認めることとしました。</u>また、年又は事業年度の中途から登録をすることもできます（平成28年改正法附則44④）。

　簡易課税制度についても、令和5年10月1日から令和11年9月30日の属する課税期間において登録する免税事業者は、登録日の属する課税期間中に「簡易課税制度選択届出書」を提出することにより、その課税期間から簡易課

税により仕入控除税額を計算することができます。

　また、登録日の属する課税期間中であれば、届出書を取り下げることができます（よくある質問とその回答問7）。

〔具体例〕

　個人事業者であれば、登録申請書を提出することにより、令和5年から令和11年分までの任意の年（課税期間）について適格請求書発行事業者になることができます。また、令和6年10月1日といったように、年の中途からの登録も認められます。

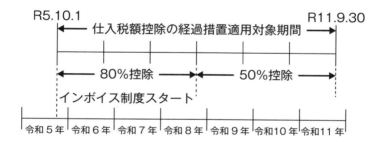

　（注）　免税事業者のような適格請求書発行事業者でない者からの課税仕入れについては、令和5年10月1日から令和8年9月30日までは課税仕入高の80％を仕入控除税額の計算に取り込むことが認められています（平成28年改正法附則52）。また、令和8年10月1日から令和11年9月30日までは、課税仕入高の50％を仕入控除税額の計算に取り込むことが認められています（平成28年改正法附則53）。

　　　詳細については29〜30頁をご参照ください。

15 適格請求書発行事業者としての拘束期間

Q19

　令和 5 年 10 月 1 日から令和 11 年 9 月 30 日の属する課税期間において登録する免税事業者については「課税事業者選択届出書」の提出を要しないとのことですが、課税事業者を選択した場合のいわゆる 2 年縛りの規定も適用されないものと理解してよいですか？

A　令和 5 年 10 月 1 日から令和 11 年 9 月 30 日の属する課税期間において登録する免税事業者については「課税事業者選択届出書」を提出した事業者とのバランスに配慮し、<u>令和 5 年 10 月 2 日以後に開始する課税期間については、登録開始日から 2 年を経過する日の属する課税期間までの間は課税事業者として申告義務を課する</u>こととしています（平成 28 年改正法附則 44 ⑤）。

　なお、令和 5 年 10 月 1 日の属する課税期間において登録する免税事業者については、いわゆる **2 年縛り**の規定は適用されません（**Q14** 参照）。

　したがって、個人事業者（免税事業者）が令和 5 年 10

月1日から登録した場合には、令和5年12月17日までに
登録取消届出書を提出することにより、令和6年から免税
事業者となることができます。

　これに対し、令和6年1月1日に登録した個人事業者
（免税事業者）は、登録開始日（令和6年1月1日）から
2年を経過する日（令和7年12月31日）の属する課税期
間（令和7年）までの間は課税事業者として申告義務があ
ることとなるので、結果、令和6年と令和7年の2年間は
課税事業者として拘束されることとなります。

　（注）　登録の取消しについては第8章をご参照ください。

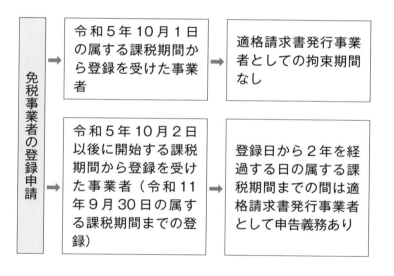

16 登録事項の変更

Q20

当社では、令和5年中に本社の移転を計画しています。インボイスについては令和4年中に登録済ですが、令和5年9月30日までに本店の移転や社名の変更など、インボイスの登録事項に変更があった場合には、もう一度登録申請をやり直す必要があるのでしょうか？

A 「適格請求書発行事業者」は、「適格請求書発行事業者登録簿」に登載された事項に変更があった場合には、速やかに「適格請求書発行事業者登録簿の登載事項変更届出書」を提出することとされています（消法57の2⑧、平成28年改正法附則44②）。

ただし、法人税と消費税で兼用となっている「異動届出書」に必要事項を記載した上で「消費税」の□に✓印を付して提出すれば、納税地の異動があったときに提出する「法人の消費税異動届出書」や「適格請求書発行事業者登録簿の登載事項変更届出書」を提出する必要はありません。

第2-(2)号様式

適格請求書発行事業者登録簿の登載事項変更届出書

この届出書は、令和五年十月一日以後提出する場合に使用します。

収受印			
令和　年　月　日	届	（フリガナ）	（〒　　－　　　）
		納　税　地	
			（電話番号　　－　　　－　　　）
	出	（フリガナ）	
		氏名又は名称及び代表者氏名	
	者	法　人　番　号	※ 個人の方は個人番号の記載は不要です。
＿＿＿＿　税務署長殿		登　録　番　号	T

　下記のとおり、適格請求書発行事業者登録簿に登載された事項に変更があったので、消費税法第57条の2第8項の規定により届出します。

変更の内容	変 更 年 月 日	令和　　　年　　　月　　　日
	変　更　事　項	☐　　氏名又は名称 ☐　　法人（人格のない社団等を除く。）にあっては、本店又は主たる事務所の所在地 ☐　　国外事業者にあっては、国内において行う資産の譲渡等に係る事務所、事業所その他これらに準ずるものの所在地 ※　当該事務所等を国内に有しないこととなる場合は、次葉も提出してください。
	変　更　前	（フリガナ）
	変　更　後	（フリガナ）
	※　変更後の内容について 　　なお、常用漢字等を使	
参　考　事　項		
税　理　士　署　名		

> 次の①と②のいずれかに該当することとなった場合に記載します。
> ①「特定国外事業者」が事務所等を国内に有することとなった場合（特定国外事業者以外の国外事業者となる場合）
> ②「特定国外事業者以外の国外事業者」について、国内の事務所等に変更があった場合（国内事務所等を廃止した場合には、2枚目（次葉）も記載します）

※税務署処理欄	整 理 番 号									
	届出年月日	年　月　日	入 力 処 理	年　月　日	番 号 確 認	

注意　1　記載要領等に留意の上、記載してください。
　　　2　税務署処理欄は、記載しないでください。

適格請求書発行事業者登録簿の登載事項変更届出書（次葉）

※　本届出書（次葉）は、特定国外事業者以外の国外事業者が国内において行う資産の譲渡等に係る事務所、事業所その他これらに準ずるものを国内に有しないこととなった場合に、適格請求書発行事業者登録簿の登載事項変更届出書とともに提出してください。

	氏名又は名称		

引き続き、適格請求書発行事業者として事業を継続します。 （「はい」の場合は、以下の質問にも答えて下さい。）		☐ はい	☐ いいえ

特定国外事業者に係る確認事項

税務代理人	消費税に関する税務代理の権限を有する税務代理人がいます。 （「はい」の場合は、次の「税務代理人」欄を記載してください。）	☐ はい ☐ いいえ
	事務所の所在地 （フリガナ）　（〒　　－　　） （電話番号　　　－　　　－　　　）	
	氏名等 （フリガナ）	

納税管理人の届出をしています。 「はい」の場合は、消費税納税管理人届出書の提出日を記載してください。 消費税納税管理人届出書　（提出日：平成・令和　　年　　月　　日）		☐ はい	☐ いいえ
現在、国税の滞納はありません。		☐ はい	☐ いいえ

参考事項

いずれかの「いいえ」にチェックが入る場合には、税務署長は登録を取り消すことができます（消法57の2⑥二）。

国内取引のための事務所などを国内に有しない国外事業者のことを「特定国外事業者」といいます。

異 動 届 出 書

（□ 法人税　　□ 消費税）

※整理番号	
※通算グループ整理番号	

税務署受付印

令和　年　月　日

税務署長殿

次の事項について異動したので届け
出ます。

提出区分		
□□□□ 通算親法人が提出する場合 通算親法人となる法人が提出する場合 通算子法人が提出する場合 通算子法人となる法人が提出する場合	（フリガナ） 本店又は主たる 事務所の所在地	〒 電話（　　）　　－
	（フリガナ） 納　税　地	〒
	（フリガナ） 法人等の名称	
	法　人　番　号	‖‖‖‖‖‖‖‖‖‖‖‖‖
	（フリガナ） 代表者氏名	
	（フリガナ） 代表者住所	〒

異 動 事 項 等	異　動　前	異　動　後	異動年月日 （登記年月日）
所 轄 税 務 署	税 務 署	税 務 署	

納 税 地 等 を 変 更 し た 場 合	給与支払事務所等の移転の有無　□ 有　□ 無（名称等変更有）　□ 無（名称等変更無）
	※ 「有」及び「無（名称等変更有）」の場合には「給与支払事務所等の開設・移転・廃止届出書」の 提出も必要です。

事業年度を変更した場合	変更後最初の事業年度：(自)令和　　年　　月　　日 ～ (至)令和　　年　　月　　日

合併、分割の場合	合 併	□ 適格合併 □ 非適格合併	分 割	□ 分割型分割 ： □ 適 格 □ その他 □ 分社型分割 ： □ 適 格 □ その他

（その他参考となるべき事項）

税 理 士 署 名	

※税務署 処理欄	部門		決算期		業種 番号		番号		入力		名簿	

05.01改正

（規格A4）

17 屋号や事務所の登録

Q21

　私は個人事業者です。個人事業者は、屋号や事務所等の所在地の登録は任意とのことですが、あえて登録を希望する場合の取扱いについても教えてください。

A 　個人事業者が、屋号・事務所等の所在地・外国人の通称・旧氏（旧姓）を「適格請求書発行事業者公表サイト」へ公表する場合には、「適格請求書発行事業者登録簿の登載事項変更届出書」ではなく、「適格請求書発行事業者の公表事項の公表（変更）申出書」を提出する必要があります。

　マンション管理組合などの人格のない社団等が本店所在地等を公表する場合もこの申出書を使用します。

　また、個人事業者と人格のない社団等が公表事項を変更する場合や公表を取りやめる場合にもこの申出書によることとなります（インボイス Q&A 問 19、問 22）。

・個人事業者が屋号・事務所等の所在地・通称・旧姓の公表や変更、公表の取りやめをする場合に使用します。
・人格のない社団等が本店等の所在地の公表や変更、公表の取りやめをする場合に使用します。
※法人は「適格請求書発行事業者登録簿の登載事項変更届出書」により登載事項を変更します（この申出書は使用できません）。

適格請求書発行事業者の公表事項の公表（変更）申出書

収受印 令和　年　月　日	申出者	（フリガナ） 納税地	（〒　－　） （電話番号　－　）
		（フリガナ） 氏名又は名称及び代表者氏名	
_____税務署長殿		法人番号 ※個人の方は個人番号の記載は不要です。	
		登録番号 T	

国税庁ホームページの公表事項について、下記の事項を追加（変更）し、公表することを希望します。

新たに公表する事項			
		新たに公表を希望する事項の□にレ印を付し記載してください。	
	個人事業者	□ 主たる屋号［複数ある場合 任意の一つ］	（フリガナ）
		□ 主たる事務所の所在地等［複数ある場合 任意の一箇所］	（フリガナ）
		□ 通称 □ 旧姓（旧氏）氏名［住民票に併記されている通称又は旧姓（旧氏）に限る］	いずれかの□にレ印を付し、通称又は旧姓（旧氏）を使用した氏名を記載してください。 □ 氏名に代えて公表　（フリガナ） □ 氏名と併記して公表
	人格のない社団等	□ 本店又は主たる事務所の所在地	（フリガナ）

変更の内容		
		既に公表されている上記の事項について、公表内容の変更を希望する場合に記載してください。
	変更年月日	令和　年　月　日
	変更事項	（個人事業者）　□ 屋号　□ 事務所の所在地等　□ 通称又は旧姓（旧氏）氏名 （人格のない社団等）　□ 本店又は主たる事務所の所在地
	変更前	（フリガナ）
	変更後	（フリガナ）

※ 常用漢字等を使用して公表しますので、申出書に記載した文字と公表される文字とが異なる場合があります。

参考事項	
税理士署名	（電話番号　－　）

※税務署処理欄	整理番号		部門番号	
	申出年月日	年　月　日	入力処理 年　月　日	番号確認

注意　1　記載要領等に留意の上、記載してください。
　　　2　税務署処理欄は、記載しないでください。

18 登録の許可と 登録の効力

Q22

登録申請をした場合には、登録後の期間について、適格請求書発行事業者として適格請求書を発行することができるとのことですが、登録が許可されても通知が来なければ登録番号などの記載事項がわかりません。実際には、通知が来なければインボイスは発行できないということになるのでしょうか？

A 適格請求書発行事業者の登録の効力は登録日から発生します。そこで、登録日から登録の通知を受けるまでの間に交付した請求書等について、後日、登録番号や税率ごとに区分した消費税額等を記載した書面等を取引先に通知することにより、インボイスの記載事項を満たす書類とすることができます。

なお、後から通知する書面の内容は、すでに交付した書類との相互の関連が明確であり、取引先がインボイスの記載事項を適正に認識できるものに限られますのでご注意ください（消基通１－７－３、インボイスＱ＆Ａ問５、問36）。

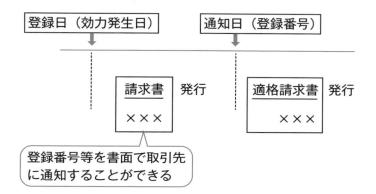

登録日（効力発生日）	通知日（登録番号）

請求書 ××× 発行

適格請求書 ××× 発行

登録番号等を書面で取引先に通知することができる

新設された法人の登録の効力

新設の法人は、会社設立前に登録申請をすることができません。新設の法人が設立事業年度中に登録申請をした場合には、結果として設立年月日から登録日の前日までの期間中はインボイスを発行できないことになるのでしょうか？

A 次頁①〜④の課税期間の初日から登録を受けようとする場合には、「課税期間の初日から登録を受けようとする旨」を記載した登録申請書を課税期間の末日までに提出することにより、その課税期間の初日から登録を受けたものとみなされます（消令70の4、消規26の4）。

この場合において、次頁①〜④の課税期間の初日が令和5年10月1日の前日以前であるときは、令和5年10月1日に登録を受けたものとみなされます（平成30年改正消令附則13）。

法人を設立し、設立事業年度末頃になってから登録申請をした場合には、登録の効力は設立年月日から生ずるもの

の、取引先へのインボイスの交付や通知が遅れることとなるので注意が必要です。

---

① 　新規に開業した個人事業者の開業日の属する課税期間。ただし、相続により適格請求書発行事業者である被相続人の事業を承継した相続人は対象となりません。

② 　新設された法人の設立日の属する課税期間。新設合併や新設分割により設立された法人も対象となりますが、設立時の資本金が 1,000 万円未満であるなどの理由により設立事業年度が免税事業者となる法人は、設立事業年度中に「課税事業者選択届出書」を提出して課税事業者になる必要があります（消法 9 ④、消令 20 一）。

③ 　吸収合併により、適格請求書発行事業者である被合併法人の事業を承継した合併法人の合併があった日の属する課税期間

④ 　吸収分割により、適格請求書発行事業者である分割法人の事業を承継した分割承継法人の吸収分割があった日の属する課税期間

（注）　令和 5 年 10 月 1 日から令和 11 年 9 月 30 日までの日の属する課税期間中に登録を受ける免税事業者は「課税事業者選択届出書」の提出は必要ありません（インボイス Q&A 問 11）。

新設された法人の 登録通知前のインボイス の交付方法①

Q24

Q23 に関連して質問します。新設された法人は、設立事業年度から登録の効力が生ずるとのことですが、法人の登録番号は法人番号とのことですので、登録の通知が届く前にインボイスを交付しても問題ないですか？ また、登録申請書に登録希望日を記載して、事業年度の中途（登録希望日）から適格請求書発行事業者になることはできますか？

A 法人の登録番号は法人番号です（**Q41** 参照）。ただし、実際に登録がされるまでの間はインボイスを発行することはできませんのでご注意ください。

また、新設された法人が免税事業者の場合には、登録申請書に登録希望日を記載することにより、登録希望日から適格請求書発行事業者となることもできますので、設立年月日と登録希望日のいずれかを選択することができることになります（**Q17** 参照）。

21 新設された法人の登録通知前のインボイスの交付方法②

Q24 に関連して質問します。法人の設立から登録までの間はどのように対応したらよいのですか?

> **A** 登録の通知を受けるまでの間は、売り手は次のような対応をすることを検討してください。

---

① インボイスの交付が遅れることを事前に伝えた上で、通知後にインボイスを交付する。

② 請求書等を交付後、改めてインボイスを交付する。

③ 請求書等を交付後、関連性を明らかにした上で登録番号などの情報をメールなどでお知らせする。

また、不特定多数の顧客を相手にする小売店などの場合には、ホームページや店頭の張り紙などでインボイスの登録が遅れる旨をお知らせした上で、通知後に登録番号を告知するような方法を検討してください。電話による問合せで登録番号を伝えることも認められるようです（インボイス Q&A 問 37）。

22 相続があった場合の登録の効力

Q26

Q23 に関連して質問します。相続により適格請求書発行事業者の事業を承継した相続人には、合併や分割により事業承継をした合併法人や分割承継法人のような取扱いはないのでしょうか？ 事業を承継した相続人がいる場合といない場合についてそれぞれ説明してください。

A 適格請求書発行事業者である個人事業者が死亡した場合には、<u>相続人は、「適格請求書発行事業者の死亡届出書」を税務署長に提出することが義務付けられています</u>（消法 57 の 3 ①・②）。

登録の効力	事業を承継した相続人がいない場合	下記①と②のいずれか早い日に失効する ① 被相続人の死亡日の翌日から 4 か月を経過した日 ② 「適格請求書発行事業者の死亡届出書」の提出日の翌日
	事業を承継した相続人がいる場合	相続人のみなし登録期間の末日の翌日以後に失効する

　事業を承継した相続人は、**みなし登録期間**中は、相続人を適格請求書発行事業者とみなし、被相続人の登録番号を相続人の登録番号とみなします（消法 57 の 3 ③・④）。

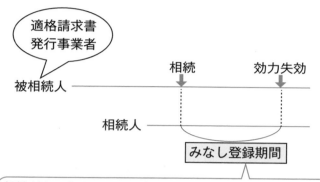

　この場合において、相続人がみなし登録期間経過後も適格請求書を交付しようとするときは、新たに登録申請書を提出して登録を受ける必要があります。

　また、相続人がみなし登録期間中に登録申請書を提出した場合において、みなし登録期間の末日までに登録又は処分の通知がないときは、通知が相続人に到達するまでの期間はみなし登録期間とみなされ、適格請求書の交付は被相続人の登録番号によることとなります（消令 70 の 6 ②、消基通 1 － 7 － 4）。

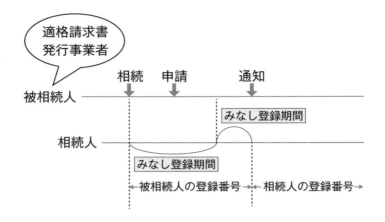

　なお、被合併法人や分割法人が受けた適格請求書発行事業者の登録の効力は、合併法人や分割承継法人には引き継がれません。したがって、合併法人や分割承継法人が適格請求書発行事業者の登録を受けようとするときは、新たに登録申請書を提出する必要があります（消基通1－7－6）。

被相続人　　　　　相続人

第4号様式

適格請求書発行事業者の死亡届出書

収受印				
令和　年　月　日	届出者	（フリガナ） 住所又は居所	（〒　－　　　） （電話番号　　　－　　　－　　　）	
		（フリガナ） 氏　　　　名		
＿＿＿＿＿税務署長殿		個 人 番 号		

　下記のとおり、適格請求書発行事業者が死亡したので、消費税法第57条の3第1項の規定により届出します。

死 亡 年 月 日		令和　　　年　　　月　　　日
死亡した適格請求書発行事業者	（フリガナ） 納　税　地	（〒　－　　　）
	（フリガナ） 氏　　名	
	登 録 番 号	T

届出者と死亡した適格請求書発行事業者との関係	
相続による届出者の事業承継の有無	適格請求書発行事業者でない場合は、有無のいずれかを〇で囲んでください。 有　・　無
参　考　事　項	
税 理 士 署 名	 （電話番号　　　－　　　－　　　）

※税務署処理欄	整 理 番 号		部 門 番 号		届出年月日	年　　月　　日
	入 力 処 理	年　　月　　日	番号確認	身元確認	□ 済 □ 未済	確認書類	個人番号カード／通知カード・運転免許証 その他（　　　　　　）

注意　1　記載要領等に留意の上、記載してください。
　　　2　税務署処理欄は、記載しないでください。

第1-(3)号様式

国内事業者用

適格請求書発行事業者の登録申請書

【1／2】

収受印			
令和　年　月　日	（フリガナ） 住所又は居所 （法人の場合） 本店又は 主たる事務所 の所在地	（〒　　－　　） ◉（法人の場合のみ公表されます） （電話番号　　－　　－　　）	
申 請 者	（フリガナ） 納税地	（〒　　－　　） （電話番号　　－　　－　　）	
	（フリガナ） 氏名又は名称	◉	
	（フリガナ） （法人の場合） 代表者氏名		
＿＿＿＿税務署長殿	法人番号		

　この申請書に記載した次の事項（ ◉印欄）は、適格請求書発行事業者登録簿に登載されるとともに、国税庁ホームページで公表されます。
1　申請者の氏名又は名称
2　法人（人格のない社団等を除く。）にあっては、本店又は主たる事務所の所在地
　なお、上記1及び2のほか、登録番号及び登録年月日が公表されます。
　また、常用漢字等を使用して公表しますので、申請書に記載した文字と公表される文字とが異なる場合があります。

　下記のとおり、適格請求書発行事業者としての登録を受けたいので、消費税法第57条の2第2項の規定により申請します。

	この申請書を提出する時点において、該当する事業者の区分に応じ、□にレ印を付してください。 ※　次葉「登録要件の確認」欄を記載してください。また、免税事業者に該当する場合には、次葉「免税事業者の確認」欄も記載してください（詳しくは記載要領等をご確認ください。）。	
	□　課税事業者（新たに事業を開始した個人事業者又は新たに設立された法人等を除く。）	
	□　免税事業者（新たに事業を開始した個人事業者又は新たに設立された法人等を除く。）	
事業者区分	□　新たに事業を開始した個人事業者又は新たに設立された法人等	
	□　事業を開始した日の属する課税期間の初日から登録を 　受けようとする事業者 ※　課税期間の初日が令和5年9月30日以前の場合の登録 　年月日は、令和5年10月1日となります。	課税期間の初日 令和　年　月　日
	□　上記以外の課税事業者	
	□　上記以外の免税事業者	
税理士署名	（電話番号　　－　　－　　）	

新設の法人が設立事業年度から適格請求書発行事業者になろうとする場合には、設立年月日を記載します。

※税務署処理欄	整理番号		部門番号		申請年月日	年　月　日	通信日付印 　年　月　日	確認
	入力処理	年　月　日	番号確認		身元確認	□済 □未済	確認書類 個人番号カード／通知カード・運転免許証 その他（　　　　　）	
	登録番号	T						

注意　1　記載要領等に留意の上、記載してください。
　　　2　税務署処理欄は、記載しないでください。
　　　3　この申請書を提出するときは、「適格請求書発行事業者の登録申請書（次葉）」を併せて提出してください。

この申請書は、令和五年十月一日から令和十二年九月二十九日までの間に提出する場合に使用します。

66

第1-(3)号様式次葉

国内事業者用

適格請求書発行事業者の登録申請書（次葉）

【2／2】

氏名又は名称

	該当する事業者の区分に応じ、□にレ印を付し記載してください。			
免税事業者の確認	□　令和11年9月30日までの日の属する課税期間中に登録を受け、所得税法等の一部を改正する法律（平成28年法律第15号）附則第44条第4項の規定の適用を受けようとする事業者 ※　登録開始日から納税義務の免除の規定の適用を受けないこととなります。			

免税事業者の確認	個　人　番　号					
	事業内容等	生年月日（個人）又は設立年月日（法人）	1明治・2大正・3昭和・4平成・5令和 年　　月　　日	法人のみ記載	事業年度	自　　月　　日 至　　月　　日
					資本金	円
	事　業　内　容			登録希望日	令和　年　月　日	

	□　消費税課税事業者（選択）届出書を提出し、納税義務の免除の規定の適用を受けないこととなる翌課税期間の初日から登録を受けようとする事業者 ※　この場合、翌課税期間の初日から起算して15日前の日までにこの申請書を提出する必要があります。	翌課税期間の初日
		令和　　年　　月　　日

□　上記以外の免税事業者

登録要件の確認	課税事業者です。 ※　この申請書を提出する時点において、免税事業者であっても、「免税事業者の確認」欄のいずれかの事業者に該当する場合は、「はい」を選択してください。	□ はい　□ いいえ
	納税管理人を定める必要のない事業者です。 （「いいえ」の場合は、次の質問にも答えてください。）	□ はい　□ いいえ
	納税管理人を定めなければならない場合（国税通則法第117条第1項） 【個人事業者】　国内に住所及び居所（事務所及び事業所を除く。）を有せず、又は有しないこととなる場合 【法人】　国内に本店又は主たる事務所を有しない法人で、国内にその事務所及び事業所を有せず、又は有しないこととなる場合	
	納税管理人の届出をしています。 「はい」の場合は、消費税納税管理人届出書の提出日を記載してください。 消費税納税管理人届出書　（提出日：令和　年　月　日）	□ はい　□ いいえ
	消費税法に違反して罰金以上の刑に処せられたことはありません。 （「はい」の場合は、次の質問にも答えてください。）	□ はい　□ いいえ
	その執行を終わり、又は執行を受けることがなくなった日から2年を経過しています。	□ はい　□ いいえ

相続による事業承継の確認	相続により適格請求書発行事業者の事業を承継しました。 （「はい」の場合は、以下の事項を記載してください。）			□ はい　□ いいえ	
	適格請求書発行事業者の死亡届出書	提出年月日	令和　年　月　日	提出先税務署	税務署
	被相続人	死亡年月日	令和　年　月　日		
		（フリガナ）			
		納　税　地	（〒　－　）		
		（フリガナ）			
		氏　名			
		登録番号	T		

参考事項	

相続による事業承継と「死亡届出書」の提出の有無・被相続人の状況などを記載します。

登録国外事業者の取扱い

Q27

　当社はゲームアプリの配信事業を営む外国法人です。日本の法律に基づき、電気通信利用役務の提供に係る登録国外事業者として、「登録国外事業者名簿」に登録をしています。当社のように、「登録国外事業者名簿」に登録をしている事業者も、適格請求書の登録申請は必要ですか。

A 　令和5年9月30日において、「登録国外事業者」として「登録国外事業者名簿」に登録をしている国外事業者は、令和5年10月1日に適格請求書発行事業者の登録を受けたものとみなされますので適格請求書の登録申請は必要ありません（平成28年改正法附則45）。

（注）「登録国外事業者」については、「登録国外事業者名簿」が国税庁のHPにアップされていますので、下記の順序でアクセスすると最新の名簿を閲覧することができます。

> ホーム➡刊行物等➡パンフレット・手引➡（消費税関係）国境を越えた役務の提供に係る消費税の課税関係について➡登録国外事業者名簿

第3章

2割特例

「2割特例」とは？

Q28

　免税事業者がインボイスの登録事業者となる場合、納税額を売上税額の2割に軽減する「2割特例」なるものが創設されるとのことですが、この制度は、売上高をすべて第2種事業として申告してよいということですか？

A　「2割特例」とは、その課税期間における課税標準額に対する消費税額から控除する金額を、その課税標準額に対する消費税額の8割とする制度です。

　結果、納税額は課税標準額に対する消費税額の2割となるので、簡易課税制度の適用を受け、第2種事業として申告する場合と納税額は同額になります。

　　　売上税額　×80％＝　特別控除税額　（仕入控除税額）

　　課税標準額に対する　＋　貸倒回収に係る　－　返還等対価
　　消費税額　　　　　　　消費税額　　　　　　に係る税額

2 適用対象期間

Q29

　免税事業者や消費者など、登録事業者以外の者からの課税仕入れについては、令和5年10月1日から令和8年9月30日までの間は仕入税額の80％を課税仕入れ等の税額に加算する経過措置が講じられています。「2割特例」は、この経過措置の適用期間に合わせ、令和5年10月1日から令和8年9月30日までの3年間について適用できると理解してよいですか？

A　「2割特例」は、令和5年10月1日から令和8年9月30日までの日の属する各課税期間において適用することができます（平成28年改正法附則51の2①前文）。「令和5年10月1日から令和8年9月30日までの間」という期間限定ではないのでご注意ください。

　よって、個人事業者であれば令和8年まで、3月決算法人であれば令和9年3月決算期まで「2割特例」が適用できることになります。

# 3 基準期間における課税売上高が1,000万円を超える場合

Q30

「2割特例」は、令和5年10月1日から令和8年9月30日までの日の属する各課税期間において適用を受けることにより、その後の課税期間の基準期間における課税売上高が1,000万円を超える場合であっても適用対象期間中であれば継続して適用することができますか?

A 「2割特例」は、インボイスの登録をしなければ免税事業者となる小規模事業者を対象とするものです。よって、「2割特例」の適用を受けた後の課税期間において、下記の事由が生じた場合には「2割特例」の適用はありません。

① 基準期間における課税売上高が1,000万円を超えたことにより課税事業者となる場合
② 特定期間中の課税売上高(給与等の支払額)による納税義務の免除の特例により課税事業者となる場合

③　相続・合併・分割があった場合の納税義務の免除の特例により課税事業者となる場合

※　相続人がインボイスの登録をした後で相続が発生した場合には、被相続人の基準期間中の課税売上高が 1,000 万円を超えていたとしても、相続があった年についてだけは「2 割特例」を適用することができます。

④　新設法人・特定新規設立法人の納税義務の免除の特例により課税事業者となる場合

⑤　調整対象固定資産・高額特定資産を取得した場合の 3 年縛りの掟により課税事業者となる場合

〔具体例〕

　個人事業者の各年における課税売上高が下表のように推移した場合、基準期間における課税売上高が 1,000 万円を超える課税期間については「2 割特例」を適用することができません。

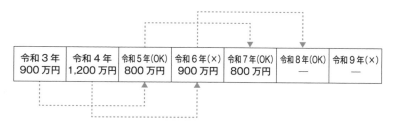

令和 3 年 900 万円	令和 4 年 1,200 万円	令和 5 年(OK) 800 万円	令和 6 年(×) 900 万円	令和 7 年(OK) 800 万円	令和 8 年(OK) —	令和 9 年(×) —

　（注）　令和 9 年の基準期間（令和 7 年）における課税売上高は 1,000 万円以下ではありますが、令和 9 年は「2 割特例」の適用対象期間ではありません。

4 基準期間における課税売上高が1,000万円以下になった場合

私は令和2年中の課税売上高が1,000万円を超えたため、登録申請時には、登録申請書【1／2】の「事業者区分」欄は「課税事業者」の箇所に☑をして、令和4年中に登録申請書を提出しました。

私は令和4年中の課税売上高が1,000万円以下となりましたが、登録申請時に課税事業者であった場合には、基準期間（令和4年）における課税売上高が1,000万円以下になったとしても、令和6年分の申告で「2割特例」の適用を受けることはできないのでしょうか？

A 課税事業者が適格請求書発行事業者となった場合であっても、適格請求書発行事業者となった課税期間後の課税期間において、基準期間における課税売上高が1,000万円以下となった場合には、原則として「2割特例」の適用を受けることができます（インボイスQ＆A問114【答】（注））。

5 基準期間における課税売上高の計算

Q32

　私は個人の運送業者（免税事業者）です。取引先からの要請によりインボイスの登録をし、令和5年10月1日から適格請求書発行事業者となりました。

　私の令和5年中の課税売上高は、1月1日～9月30日までが770万円、10月1日～12月31日までが330万円です。令和7年分の申告では、基準期間である令和5年中の課税売上高が1,000万円以下となるので「2割特例」の適用を受けることができますか？
（770万円＋330万円）×100／110
＝1,000万円≦1,000万円

A 　令和5年1月1日～9月30日期間中は免税事業者ですので、<u>たとえ消費税相当額を別途受領していても、その全額が課税売上高になります</u>（消基通1－4－5）。結果、基準期間である令和5年中の課税売上高が1,000万円を超えることとなるため、令和7年分の申告で「2割特例」の適用を受けることはできません。
770万円＋330万円×100／110＝1,070万円＞1,000万円

6 相続と「2割特例」の関係

Q33

Q30 で説明があった相続人の取扱い（※の箇所）
について説明してください。

A

1 事業を承継した相続人がいる場合の取扱い

　事業を承継した相続人がいる場合には、<u>みなし登録期間</u>
<u>中は、相続人を適格請求書発行事業者とみなし、被相続人</u>
<u>の登録番号を相続人の登録番号とみなす</u>こととされていま
す（消法57の3③・④）。

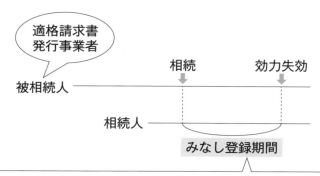

相続があった日の翌日～①と②のいずれか早い日までの期間
①　相続人が登録を受けた日の前日
②　被相続人の死亡日の翌日から4か月を経過する日

2　相続があった場合の納税義務の免除の特例

　相続があった年において、<u>被相続人の基準期間中の課税売上高が1,000万円を超える場合には、事業を承継した相続人は、相続のあった日の翌日から12月31日までの期間、課税事業者となります。</u>

3　相続があった年における2割特例の適用関係

　納税義務免除の特例規定により、相続人が課税事業者に取り込まれるようなケースでは、相続人は原則として「2

割特例」の適用を受けることはできません。

　ただし、相続人がすでに登録を済ませているようなケースでは、「相続」という予測不可能な事態に巻き込まれた場合でも、<u>事前登録を条件に、相続があった年についてだけは「2割特例」の適用を認める</u>こととしています。

　※　登録事業者には、相続により事業を承継した相続人（みなし登録事業者）が含まれます。

　また、被相続人の基準期間中の課税売上高が1,000万円以下の場合には、そもそも「相続があった場合の納税義務免除の特例規定」の適用はありませんので、相続発生日に関係なく、相続人はインボイスの登録を条件に「2割特例」の適用を受けることができます。

〔具体例1〕

78

　登録開始日（R5.10.1）の前日までに相続が発生しているので「2割特例」の適用はできません。この場合において、被相続人が簡易課税制度の適用を受けている場合には、相続人は、令和5年12月31日までに「簡易課税制度選択届出書」を提出することにより、「（A）＋（B）」の期間中の申告について、簡易課税によることができます（消法37①、消令56①二）。

　（注）　令和5年10月1日から登録する場合には、登録通知日に関係なく、登録開始日は令和5年10月1日になります。

〔具体例2〕

　登録開始日（R5.10.1）以後に相続が発生しているので、相続人は（C）の期間中の申告について「2割特例」の適用を受けることができます。

7 課税期間を短縮する場合

Q34

「2割特例」は、免税事業者がインボイスの登録事業者になる場合には必ず適用できるのですか？

A 「2割特例」は小規模事業者の計算の簡便化のために創設された制度でありますから、<u>課税期間を短縮している事業者は「2割特例」の適用を受けることはできません</u>（平成28年改正法附則51の2①四）。

8 「課税事業者選択届出書」と「2割特例」の関係①

Q35

　令和5年度改正法によると、「課税事業者選択届出書」の提出により事業者免税点制度の適用を受けられないこととなる登録事業者についても「2割特例」が適用できるとされています。

　では、設備投資などについて消費税の還付を受けるために令和3年中に「課税事業者選択届出書」を提出した個人事業者が、令和4年分の申告で消費税の還付を受け、令和5年10月1日以後の計算で「2割特例」を使うことはできますか？

A　「課税事業者選択届出書」の提出により、<u>令和5年10月1日前から引き続き課税事業者となっている事業者は、たとえ令和5年10月1日の属する課税期間であっても「2割特例」を適用することはできません。</u>

　よって、「課税事業者選択届出書」の提出により令和4年1月1日から課税事業者であることから「2割特例」を適用することはできないことになります（平成28年改正法附則51の2①一）。

「課税事業者選択届出書」と「２割特例」の関係②

Q36

Q35 に対する救済措置はありますか？

A 「課税事業者選択届出書」の提出により、令和５年10月１日の属する課税期間から課税事業者となる事業者は、その課税期間中に「課税事業者選択不適用届出書」を提出することにより、<u>提出日の属する課税期間から「課税事業者選択届出書」の効力を失効させることができます</u>。よって、届出書の提出日の属する課税期間から「２割特例」を適用することができることになります（平成28年改正法附則51の２⑤）。

●令和３年中に「課税事業者選択届出書」を提出した個人事業者が、令和４年分の申告で消費税の還付を受けるケース

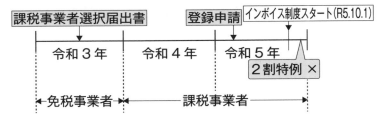

　「課税事業者選択届出書」の提出により課税事業者となったのは令和4年であり、令和5年10月1日の属する課税期間から課税事業者になったわけではないので「2割特例」の適用を受けることはできません（**Q35** 参照）。

●令和4年中に「課税事業者選択届出書」を提出し、令和5年から課税事業者になる個人事業者が、令和5年中に「課税事業者選択不適用届出書」を提出して「課税事業者選択届出書」の効力を失効させるケース

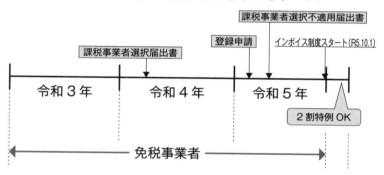

　「課税事業者選択届出書」の提出により課税事業者となったのは令和5年10月1日の属する課税期間（令和5年）であることから、令和5年中に「課税事業者選択不適用届出書」を提出することにより「課税事業者選択届出書」の効力を失効させ、「2割特例」の適用を受けることができます。

10 「課税事業者選択届出書」と「2割特例」の関係③

　Q35 によると、「課税事業者選択届出書」の提出
により、令和5年10月1日前から引き続き課税事
業者となっている事業者は、令和5年10月1日の
属する課税期間について「2割特例」を適用すること
はできないとのことですが、「課税事業者選択届出書」
を提出した個人事業者が、令和6年分について「2
割特例」を適用することはできるのでしょうか？

A　「課税事業者選択届出書」を提出している事業者
がインボイスの登録をしている場合には、下線の①
と②のいずれの要件も満たす場合について、「2割特例」
の適用が認められます。

① 　インボイスの登録をしなければ免税事業者となれる
　課税期間であること
② 　「課税事業者選択届出書」を提出しなければ免税事
　業者となれる課税期間であること

84

　なお、「課税事業者選択届出書」の提出により「2割特例」の適用が制限されるのは、令和5年10月1日にまたがる課税期間に限定されています。よって、下記〔具体例〕のケースでは、令和5年中に調整対象固定資産を取得しない限り、令和6年分の申告で「2割特例」を適用することができます。

（注）　令和5年中に調整対象固定資産を取得した場合には、令和6年と令和7年は「2割特例」の適用を受けることができません。

　　　　ただし、**Q18**で解説した登録申請に関する経過措置により、「課税事業者選択届出書」を提出しないで登録した事業者は、強制適用期間中に調整対象固定資産を取得したとしても、3年縛りの適用はありません（インボイスQ＆A問115（注3））。

〔具体例〕

　令和4年中に「課税事業者選択届出書」を提出した個人事業者が、令和5年分の申告で商品の仕入れなどについて消費税の還付を受けるケース

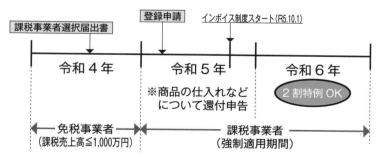

「簡易課税制度選択届出書」との関係

Q38

「2割特例」は「簡易課税制度選択届出書」を提出している場合であっても適用することができるのですか？

A 「2割特例」は小規模事業者がインボイスの登録をした場合に適用を認めるものであり、「…特別控除税額とすることができる」という規定ぶりになっています。

よって、簡易課税制度選択届出書が提出済であったとしても、申告時に簡易課税によるか2割特例によるかを選択することができます。

また、「簡易課税制度選択届出書」を提出していない場合には、申告時に本則課税によるか2割特例によるかを選択することができます（よくある質問とその回答問6）。

「2割特例」は、**Q40**で説明するように事前の届出は必要ありません。よって、申告時に「2割特例」と簡易課税（本則課税）とを比較検討し、いずれか有利な方法で申告をすることができます。

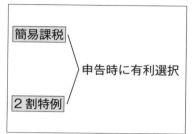

「簡易課税制度選択届出書」の提出

あり

簡易課税
２割特例
申告時に有利選択

なし

本則課税
２割特例
申告時に有利選択

「簡易課税制度選択届出書」の提出期限

Q39

免税事業者である個人事業者が令和5年10月1日から登録事業者となり、令和5年10月1日〜令和5年12月31日期間分と令和6年分の申告は「2割特例」の適用を受けたとします。令和7年分については基準期間である令和5年中の課税売上高が1,000万円を超えたために「2割特例」を使うことができません。簡易課税制度の適用を受けようとする場合には、「簡易課税制度選択届出書」は令和6年中に提出する必要がありますか?

A 「2割特例」の適用を受けた登録事業者が、その翌課税期間中に「簡易課税制度選択届出書」を提出した場合には、その提出日の属する課税期間から簡易課税により申告することができます（平成28年改正法附則51の2⑥）。

よって、令和7年中に「簡易課税制度選択届出書」を提出することにより、令和7年から簡易課税制度の適用を受けることができます。

〔具体例１〕

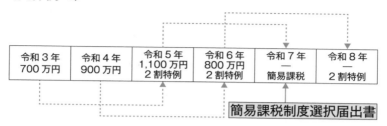

〔具体例２〕

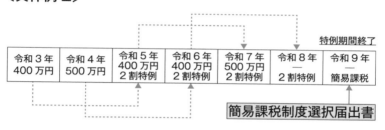

　免税事業者である個人事業者が登録日の属する課税期間から簡易課税制度の適用を受けようとする場合には、その課税期間中に「簡易課税制度選択届出書」を提出すればよいこととされています。よって、設備投資などの計画がない場合には、基準期間における課税売上高が1,000万円を超えた場合や適用対象期間が経過して「２割特例」が使えなくなったときに備え、あらかじめ「簡易課税制度選択届出書」を提出しておくことも検討する必要がありそうです。

13 「2割特例」に関する 届出書の提出義務

Q40

「2割特例」の適用を受けるために、簡易課税制度のような届出書を提出する必要はありますか？

A 「2割特例」については届出書の提出義務はありません。ただし、「2割特例」の適用を受けようとする場合には、確定申告書にその旨を付記することと付表6の添付が義務付けられています（平成28年改正法附則51の2③）。

2割特例

第３−（１）号様式

令和　　年　　月　　日

税務署長殿

納　税　地	（電話番号　　−　　−　　）
（フリガナ）名　称又は屋号	
個人番号又は法人番号	【個人番号の記載に当たっては、左端を空欄とし、ここから記載してください。】
（フリガナ）代表者氏名又　は　氏　名	

第一表

令和五年十月一日以後終了課税期間分…一般用…

（個人の方）振替継続希望

※税務署処理欄

| 申告年月日 | 令和 | 年 | 月 | 日 |

申告区分

通信日付印　　確認

個人番号カード通知カード・運転免許証その他（　　）

還元確認

自　平成／令和　　年　　月　　日
至　令和　　年　　月　　日

課税期間分の消費税及び地方消費税の（　　　　）申告書

中間申告の場合の対象期間
自　平成／令和　　年　　月　　日
至　令和　　年　　月　　日

この申告書による消費税の税額の計算

課税標準額	①		0 0 0
消費税額	②		
控除過大調整税額	③		
控除税額 控除対象仕入税額	④		
返還等対価に係る税額	⑤		
貸倒れに係る税額	⑥		
控除税額小計（④＋⑤＋⑥）	⑦		
控除不足還付税額（⑦−②−③）	⑧		
差引税額（②＋③−⑦）	⑨		0 0
中間納付税額	⑩		0 0
納付税額（⑨−⑩）	⑪		0 0
中間納付還付税額（⑩−⑨）	⑫		0 0
既確定税額	⑬		
差引納付税額	⑭		0 0
課税資産の譲渡等の対価の額	⑮		
資産の譲渡等の対価の額	⑯		

この申告書による地方消費税の税額の計算

控除不足還付税額	⑰		
差引税額	⑱		0 0
譲渡割額 還付額	⑲		
納税額	⑳		0 0
中間納付譲渡割額	㉑		0 0
納付譲渡割額	㉒		0 0
中間納付還付譲渡割額	㉓		0 0
既確定譲渡割額	㉔		
差引納付譲渡割額	㉕		0 0

| 消費税及び地方消費税の合計（納付又は還付）税額 | ㉖ | | |

付記事項

割賦基準の適用	有	無
延払基準等の適用	有	無
工事進行基準の適用	有	無
現金主義会計の適用	有	無
課税標準額に対する消費税額の計算の特例の適用	有	無

参考事項

課税売上高5億円超又は課税売上割合95%未満

個別対応方式／一括比例配分方式

上記以外　全額控除

基準期間の課税売上高　　　千円

○ 税額控除に係る経過措置の適用（２割特例）

○を付けます（付記）

還付を受けようとする金融機関等

銀行・金庫・組合・農協・漁協　本店・支店・出張所・本所・支所

預金口座番号
ゆうちょ銀行の貯金記号番号
郵便局名等

（個人の方）公金受取口座の利用
※税務署整理欄

| 税理士署名 | （電話番号　　−　　−　　） |

○ 税理士法第30条の書面提出有
○ 税理士法第33条の２の書面提出有

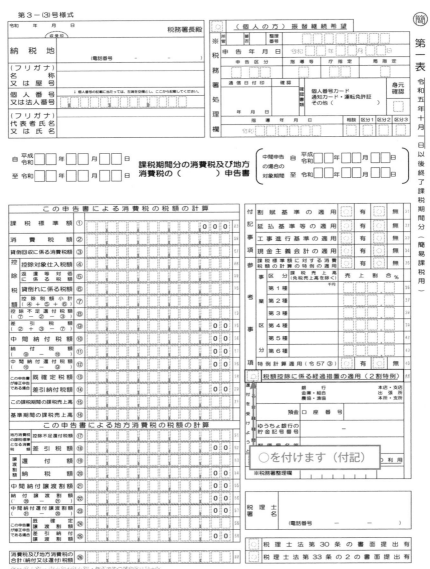

第3-(3)号様式

令和　年　月　日

税務署長殿

納　税　地
（電話番号　　−　　−　　）

（フリガナ）
名　　称
又 は 屋 号

個 人 番 号
又 は 法 人 番 号

（フリガナ）
代 表 者 氏 名
又 は 氏 名

自 平成・令和 □□ 年 □□ 月 □□ 日
至 令和 □□ 年 □□ 月 □□ 日

課税期間分の消費税及び地方消費税の（　　　　　）申告書

中間申告の場合の対象期間　自 平成・令和 □□ 年 □□ 月 □□ 日　至 令和 □□ 年 □□ 月 □□ 日

（個人の方）振替継続希望

※税務署処理欄

第一表

令和五年十月一日以後終了課税期間分（簡易課税用）

簡

この申告書による消費税の税額の計算		
課 税 標 準 額	①	0 0 0
消 費 税 額	②	
貸倒回収に係る消費税額	③	
控除税額 控除対象仕入税額	④	
返還等対価に係る税額	⑤	
貸倒れに係る税額	⑥	
控除税額小計（④＋⑤＋⑥）	⑦	
控除不足還付税額（⑦−②−③）	⑧	
差 引 税 額（②＋③−⑦）	⑨	0 0
中 間 納 付 税 額	⑩	0 0
納 付 税 額（⑨−⑩）	⑪	0 0
中間納付還付税額（⑩−⑨）	⑫	0 0
この申告書が修正申告である場合 既確定税額	⑬	
差引納付税額	⑭	0 0
この課税期間の課税売上高	⑮	
基準期間の課税売上高	⑯	

この申告書による地方消費税の税額の計算		
地方消費税の課税標準となる消費税額 控除不足還付税額	⑰	
差 引 税 額	⑱	0 0
譲渡割額 還 付 額	⑲	
納 税 額	⑳	0 0
中 間 納 付 譲 渡 割 額	㉑	0 0
納付譲渡割額（⑳−㉑）	㉒	0 0
中間納付還付譲渡割額（㉑−⑳）	㉓	0 0
この申告書が修正申告である場合 既確定譲渡割額	㉔	
差引納付譲渡割額	㉕	0 0
消費税及び地方消費税の合計税付税額又は還付税額	㉖	0 0

付記事項			
割 賦 基 準 の 適 用	○	有	○ 無
延 払 基 準 等 の 適 用	○	有	○ 無
工 事 進 行 基 準 の 適 用	○	有	○ 無
現 金 主 義 会 計 の 適 用	○	有	○ 無
課税標準額に対する消費税額の計算の特例の適用	○	有	○ 無

参考事項 事業区分	課 税 売 上 高（免税売上高を除く）	売 上 割 合 ％
第 1 種	千円	
第 2 種		
第 3 種		
第 4 種		
第 5 種		
第 6 種		
特例計算適用（令57③）	○ 有	○ 無

税額控除に係る経過措置の適用（2割特例）

銀　　行　　本店・支店
金庫・組合　　出 張 所
農協・漁協　　本所・支所

預金口座番号

ゆうちょ銀行の貯金記号番号

○を付けます（付記）

※税務署整理欄

税 理 士 署 名

（電話番号　　−　　−　　）

○ 税 理 士 法 第 30 条 の 書 面 提 出 有
○ 税 理 士 法 第 33 条 の 2 の 書 面 提 出 有

第4-(13)号様式

付表6　税率別消費税額計算表
〔小規模事業者に係る税額控除に関する経過措置を適用する課税期間用〕

特　別

課 税 期 間	・ ・ ～ ・ ・	氏 名 又 は 名 称	

Ⅰ　課税標準額に対する消費税額及び控除対象仕入税額の計算の基礎となる消費税額

区　　　　　　　分		税率 6.24 ％ 適 用 分 A	税率 7.8 ％ 適 用 分 B	合　　　計　　　C (A＋B)
課 税 資 産 の 譲 渡 等 の 対 価 の 額	①	※第二表の⑤欄へ　　　　　円	※第二表の⑥欄へ　　　　　円	※第二表の⑦欄へ　　　　　円
課 税 標 準 額	②	①A欄（千円未満切捨て）　　000	①B欄（千円未満切捨て）　　000	※第二表の①欄へ　　　　　000
課 税 標 準 額 に 対 す る 消 費 税 額	③	（②A欄×6.24/100）　※第二表の⑮欄へ	（②B欄×7.8/100）　※第二表の⑯欄へ	※第二表の⑪欄へ
貸 倒 回 収 に 係 る 消 費 税 額	④			※第一表の③欄へ
売 上 対 価 の 返 還 等 に 係 る 消 費 税 額	⑤			※第二表の⑰、⑱欄へ
控 除 対 象 仕 入 税 額 の 計 算 の 基 礎 と な る 消 費 税 額 （ ③ ＋ ④ － ⑤ ）	⑥			

Ⅱ　控除対象仕入税額とみなされる特別控除税額

項　　　　　　　目		税 率 6.24 ％ 適 用 分 A	税 率 7.8 ％ 適 用 分 B	合　　　計　　　C (A＋B)
特 別 控 除 税 額 （ ⑥ × 80 ％ ）	⑦			※第一表の④欄へ

Ⅲ　貸倒れに係る税額

項　　　　　　　目		税 率 6.24 ％ 適 用 分 A	税 率 7.8 ％ 適 用 分 B	合　　　計　　　C (A＋B)
貸 倒 れ に 係 る 税 額	⑧			※第一表の⑥欄へ

注意　　金額の計算においては、1円未満の端数を切り捨てる。

(R5.10.1以後終了課税期間用)

売 上 税

　今から36年前、「国民が反対する大型間接税と称するもの
はやらない」、「皆さん、この顔が嘘をつく顔に見えますか？」
と大ウソをついて衆参同時選挙に勝利した中曽根元首相は、
「大型ではなく中型だ！」という意味不明な説明のもと、売上
税法案を国会に上程しました。

　簡易課税制度とは、実額計算が困難な事業者が、売上税額
から仕入控除税額を見積計算することを認める制度ですので、
事業者免税点よりも簡易課税の適用上限額のほうが大きいの
が当たり前です。しかし、売上税はこの事業者免税点と簡易
課税の適用上限額が同額の1億円（？）に設定されていまし
た。……そのカラクリは、ズバリ！　インボイス制度に隠さ
れていたのです。

　事業者免税点を1億円という非常識なまでの高額に設定し、
さも「あらかたの事業者は納税義務がないですよ！」とPR
しておきながら、心の底では「課税事業者を選択しないと中
小事業者は生き残れないんだよ。倒産したくなかったら課税
選択をしなさい！　その代わり、可哀想だから簡易課税の選
択を認めてやりましょう」と。……これが課税庁の本音では
ないかと思うのです。まるで詐欺のような税法です。あまり
にも国民をバカにしていると感じるのは、決して筆者だけで
はないでしょう。

　売上税法案は、1987年に国会に提出されたものの、同年
中に廃案となりました。当然です！

第4章

登録番号と
インボイスの記載事項

登録番号

Q41

　インボイスに登録番号を記載する場合のルールはありますか？　登録番号の構成についても説明してください。

　また、受領したインボイスが本物かどうかを立証する責任は、インボイスの受取側（買い手側）にあるのでしょうか？　仕入先から受領したインボイスの記載事項に誤りがある場合、受取側で追記や修正をすることはできますか？

A　登録番号は、法人番号を有する法人と、法人番号のない個人事業者・人格のない社団等に区分して、次のような構成になっています（消基通 1 − 7 − 2、インボイス Q & A 問 18）。

法人（法人番号を有する課税事業者）	個人事業者・人格のない社団等
「T」（ローマ字）＋法人番号（13 桁）	「T」（ローマ字）＋数字（13 桁）

・法人番号と重複しない事業者ごとの番号を用いる
・個人事業者についてはマイナンバーは使用しない

　インボイスへの表記に当たっては、半角か全角か
は問わないこととされています。記載例としては、
「T1234567890123」あるいは「T-1234567890123」といっ
たような表記方法となります。

　（注）　一度付番された登録番号は、変更することはできま
　　　　せん！

　記載事項に誤りのあるインボイスの交付を受けた事業者
は、修正したインボイスの再交付を求める必要がありま
す。ただし、売り手の確認を受けた上で、買い手側で誤り
を修正した仕入明細書等を作成して保存することもできま
す（インボイスＱ＆Ａ問92）。よって、偽造インボイス
では、仕入税額控除は認められません（インボイスの受取
側に立証責任があります）。

 ちょっと一息

　インボイスＱ＆Ａの問19では、登録番号の記載例と
して13桁の番号の前にローマ字で「T」を表記するこ
ととしていますが、この「T」は何を意味するのでしょ
う？

① 　TAX の頭文字を取って「T」
② 　登録番号（tourokubangou）の頭文字を取って「T」
③ 　適格請求書（tekikakuseikyuusyo）の頭文字を取って「T」
④ 　大変だ（taihenda）の頭文字を取って「T」
⑤ 　大したことないわこんなもん（taisita…）の頭文字を取っ
　　て「T」

　読者の皆さんはどれだと思われますか w

2 適格請求書発行事業者公表サイト①

Q42

　取引先の登録番号などはどうやって確認すればよいですか？

A 　「適格請求書発行事業者公表サイト」では、「登録番号」を入力することにより、下記の公表事項を確認することができます（国税庁パンフレット 21 頁）。

　　＜確認できる事項＞

　①　適格請求書発行事業者の氏名又は名称

　②　法人の本店又は主たる事務所の所在地

　③　登録番号

　④　登録年月日

　⑤　登録取消（失効）年月日

　※申出により公表された下記の事項

個人事業者	人格のない社団等
・外国人の通称 ・旧氏（旧姓） ・主たる屋号 ・主たる事務所の所在地等	・本店又は主たる事務所の所在地

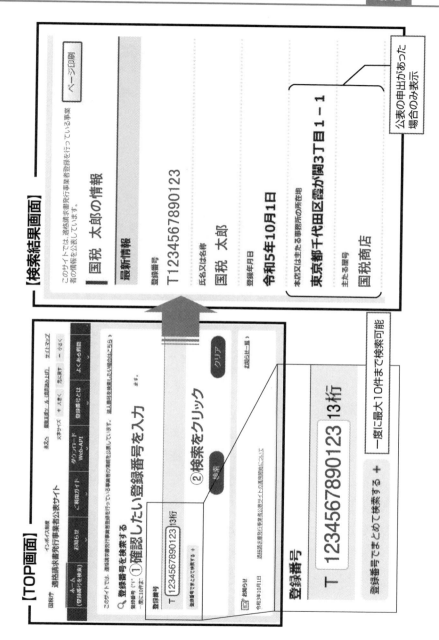

【検索結果画面】

このサイトでは、適格請求書発行事業者登録を行っている事業者の情報を公表しています。

■ 国税 太郎の情報

最新情報

登録番号
T1234567890123

氏名又は名称
国税 太郎

登録年月日
令和5年10月1日

本店又は主たる事務所の所在地
東京都千代田区霞が関3丁目1－1

主な屋号
国税商店

公表の申出があった場合のみ表示

ページ印刷

【TOP画面】

国税庁 適格請求書発行事業者公表サイト

ホーム（登録番号を検索） / お知らせ / ご利用ガイド / ダウンロード Web-API / 登録番号とは / 先に行く / よくある質問

インボイス制度 / 文字サイズ 小さく 大きく / サイトマップ / 表示位置変更 ＆ 読み読み上げ / まえへ

このサイトでは、適格請求書発行事業者登録を行っている事業者の情報を公表しています。法人番号を検索したい場合はこちら ›

🔍 登録番号を検索する
登録番号（※） ① 確認したい登録番号を入力 ※必須
T 1234567890123 13桁
一度に10件まで

登録番号でまとめて検索する +

② 検索をクリック
検索
クリア

お問合せ一覧 ›

📢 お知らせ
令和3年10月1日　適格請求書発行事業者公表サイトの運用開始について

登録番号

T 1234567890123 13桁

一度に最大10件まで検索可能

登録番号でまとめて検索する +

Q43

　私は個人で複数の店舗を設け、各店舗ごとに異なった屋号を使用して飲食店業を営んでいますが、各店舗ごとに屋号と店舗所在地を登録することはできますか？　また、店舗の名称に使用している特殊な文字を、そのまま屋号として登載することはできますか？

A　申出により公表できる屋号や事務所の所在地は 1 つ又は 1 か所としていますので、複数の屋号や事務所所在地の公表はできません。

　また、公表サイトで使用できる文字の範囲は、一般的なパソコンやスマートフォン等で標準的に登載されている文字の範囲で、漢字等の文字コードに関する日本産業規格（JIS-X-0213）によることとなっています。よって、「JIS-X-0213」で表示できない字体については、表示可能な字体に置き換えて表記することとなります（運営方針 3）。

4 適格請求書発行事業者公表サイトへの掲載と公表期間

Q44

　登録申請をした場合には、先着順に公表サイトに掲載されるのですか？　登録の取消や失効があった場合の公表期間についても教えてください。

A　インボイスの登録申請書を提出した場合、原則として、税務署による審査を経て登録された日の翌日に公表サイトに掲載されます。

　なお、登録の取消を求める場合や事業を廃止した場合、合併による法人の消滅や個人事業者が死亡したような場合には、届出書の提出により登録の効力は失効します（運営方針4）。

　また、取引時点での取引先の登録状況を確認できるように、登録の取消や失効があった場合でも、その後7年間は、登録情報を公表サイトに掲載し、7年経過後に削除することとされています（運営方針5）。

5 適格請求書発行事業者公表サイトの検索方法

Q45

登録番号は１件ごとに検索しなければならないのでしょうか？　また、「氏名又は名称」などによる検索や、法人の本店所在地の異動履歴なども確認できますか？

A <u>登録番号は、最大10件までまとめて検索することができます</u>（運営方針6）。

「登録番号」による検索は、実際に登録されている番号であるかどうか、また、インボイスに記載されている登録番号が取消し等を受けていない有効なものであるかどうかを確認することを目的とするものです。

したがって、「氏名又は名称」などによる検索については、字体の置換えを行っている場合や同姓同名の場合などが想定され、正しく検索できない可能性があるため認められていません。また、法人の「本店又は主たる事務所の所在地」の異動履歴などについても確認することはできません（適格請求書発行事業者公表サイトに関するよくある質問 Q1－8、Q1－9）。

Column

富 裕 税

　税理士法は、カール・シャウプ博士を団長とする使節団が発表した「シャウプ勧告」を受け、昭和26年に成立し、同年6月15日に公布、7月15日に施行されました。

　戦後、所得税の最高税率が75%であった日本では、インフレのあおりを受け、昭和22年に最高税率がさらに85%に引上げになりました。シャウプ勧告は、このように高い税率は、勤労意欲の低下などのさまざまな弊害を生むことから、所得税の最高税率を下げ、それを補うための補完税として富裕税を導入するように勧告しました。この結果、昭和25年に所得税の最高税率が55%に抑えられ、同時に0.5～3%の累進税率で富裕税が導入されたのです。

　しかし、富裕税は税収総額が多くなく、資産の把握が実務上困難であるなどの理由により昭和28年に廃止され、代わりに所得税の最高税率が65%に引上げになったという経緯があります。

　経済が低迷する最中、「金持ちから税金を取れ！」との掛け声の下、高級外車や毛皮のコート、貴金属などの贅沢品を対象とした個別物品税の復活を望む声があるようです。さて、どうなることでしょう……。

6 登録日をまたぐ
請求書の記載事項

Q46

　当社は毎月15日締めで取引先に売上代金の請求を
しています。請求書は毎月末日に発行し、翌月末日を
支払期限と定めています。

　適格請求書の登録は令和6年1月1日を予定して
いますが、令和5年12月16日から令和6年1月
15日までの期間における請求書については、令和5
年12月16日から12月31日までの期間分と令和
6年1月1日から1月15日までの期間分に区分し
て記載する必要がありますか?

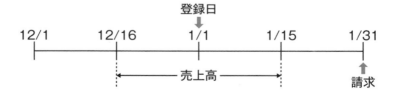

A 　請求書の記載方法は、令和5年10月1日に登録する場合と令和5年10月2日以後に登録する場合に区分して、次のように取り扱うこととされています（インボイスQ&A問77）。

令和5年10月1日に登録した場合の請求書の記載方法	令和5年10月2日以後が登録日となる場合の請求書の記載方法
原則として登録日（令和5年10月1日）前後の取引を区分する必要があるが、区分しないで表示することも認められる。	登録日前と登録日以後の取引を区分する必要がある。
（積上計算による場合） 　登録日前後の取引を区分しておかなければ「積上計算」により売上税額を計算することはできない（「積上計算」については178頁を参照）。	（取引が区分できない場合） 　登録日前後の取引が明確に区分できないときは、継続取引で検針等に基づき金額が確定するものについては、検針等の対象となる日数等により合理的に区分することになる。

○令和5年10月1日に登録した場合の記載例

⑴　登録日（令和5年10月1日）前後の取引を区分して記載する方法

令和5年10月31日

請　求　書

㈱○○御中

令和5年10月請求分（9/16〜10/15）　　　　　　××円

令和5年9月分（9/16〜9/30）
10%対象××円（うち消費税××円）
8%対象××円（うち消費税××円）

令和5年10月分（10/1〜10/15）
10%対象××円（うち消費税××円）
8%対象××円（うち消費税××円）

㈱○○　　　　　　　　　　　　　T－1234567890123

※　積上計算により売上税額を計算する場合はこの方法によらなければならない。

(2) 登録日（令和5年10月1日）前後の取引を区分しないで記載する方法

```
                              令和5年10月31日
              請　求　書
㈱○○御中

令和5年10月請求分（9/16〜10/15）××円

      10%対象××円（うち消費税××円）
      8%対象××円（うち消費税××円）

㈱○○                  Ｔ－1234567890123
```

○令和6年1月1日に登録した場合の記載例

```
                      令和6年1月31日
              請　求　書
㈱○○御中

令和6年1月請求分（12/16〜1/15）×
×円

  令和5年12月分（12/16〜12/31）
  10%対象××円（うち消費税××円）
  8%対象××円（うち消費税××円）
- - - - - - - - - - - - - - - - - - - - -
  令和6年1月分（1/1〜1/15）
  10%対象××円（うち消費税××円）
  8%対象××円（うち消費税××円）

㈱○○        Ｔ－1234567890123
```

登録日前後の取引を明確に区分する

or

登録番号のない請求書(12/16〜12/31分)と登録番号のある請求書(1/1〜1/15分)を別々に発行する

7 インボイスの記載事項と記載例①

Q47

インボイスの記載事項について教えてください。

A インボイス（適格請求書）とは、次に掲げる事項を記載した請求書、納品書その他これらに類する書類をいいます（消法 57 の 4 ①、消令 70 の 10）。

＜記載事項＞

① 適格請求書発行事業者の氏名又は名称

② **登録番号**

③ 取引年月日

④ 取引内容（軽減対象品目である場合にはその旨）

⑤ 税抜（税込）取引金額を税率ごとに区分した合計額

⑥ **⑤に対する消費税額等及び適用税率**

⑦ 請求書等受領者の氏名又は名称

（注）　**太字**が区分記載請求書から適格請求書への移行に伴い追加された記載事項です。

❖ インボイスのひな型（サンプル）

〔表示例1〕 税抜取引金額を表示するケース

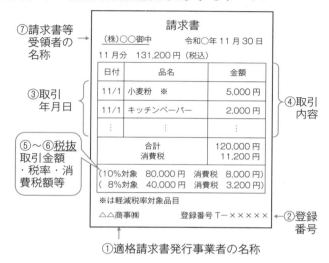

⑦請求書等
受領者の
名称 →

③取引
年月日

⑤～⑥税抜
取引金額
・税率・消
費税額等

④取引
内容

②登録
番号

①適格請求書発行事業者の名称

請求書

(株)○○御中　　　　　令和○年11月30日

11月分　131,200円（税込）

日付	品名	金額
11/1	小麦粉　※	5,000円
11/1	キッチンペーパー	2,000円
⋮	⋮	⋮
合計 消費税		120,000円 11,200円

(10%対象　80,000円　消費税　8,000円)
(8%対象　40,000円　消費税　3,200円)

※は軽減税率対象品目

△△商事㈱　　　　登録番号 T－×××××

〔表示例2〕 税込取引金額を表示するケース

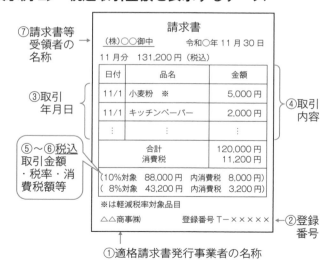

⑦請求書等
受領者の
名称 →

③取引
年月日

⑤～⑥税込
取引金額
・税率・消
費税額等

④取引
内容

②登録
番号

①適格請求書発行事業者の名称

請求書

(株)○○御中　　　　　令和○年11月30日

11月分　131,200円（税込）

日付	品名	金額
11/1	小麦粉　※	5,000円
11/1	キッチンペーパー	2,000円
⋮	⋮	⋮
合計 消費税		120,000円 11,200円

(10%対象　88,000円　内消費税　8,000円)
(8%対象　43,200円　内消費税　3,200円)

※は軽減税率対象品目

△△商事㈱　　　　登録番号 T－×××××

8 軽減税率適用対象取引の記載方法

Q48

インボイスの記載事項である「軽減税率対象品目である旨」の記載方法を教えてください。

A インボイスには、軽減税率対象品目である旨が客観的に分かる程度の記載がされていればよいこととされていますので、個々の取引ごとに適用税率を記載する場合のほか、次の(1)～(3)のような記載方法によることも認められます（インボイスQ&A 問73）。

---

(1) 記号・番号等を使用して軽減税率対象品目を明記する方法
(2) 同一請求書内で、税率ごとに商品を区分する方法
(3) 税率ごとにインボイスを発行する方法

1　記号・番号等を使用した場合の記載例

請　求　書

(株)○○御中　　　　　　　　　令和○年 11 月 30 日

11 月分　131,200 円（税込）

日付	品　名	金　額
11/1	小麦粉※　ⓐ	5,400 円
11/1	キッチンペーパー	2,200 円
11/2	牛肉※　　ⓐ	10,800 円
⋮	⋮	⋮
合　計		131,200 円
8%対象	43,200 円（消費税 3,200 円）	
10%対象	88,000 円（消費税 8,000 円）	

※は軽減税率対象品目　ⓑ

△△商事㈱

登録番号 T-×××××

ⓐ　軽減税率対象品目には「※」などを記載

ⓑ　「※」が軽減税率対象品目であることを示すことを記載

2 同一請求書内で、税率ごとに商品を区分する場合の記載例

請 求 書

(株)○○御中　　　　　　　　　令和○年 11 月 30 日

11 月分　131,200 円（税込）

日付	品　名	金　額
11/1	小麦粉	5,400 円
11/2	牛肉	10,800 円
⋮	⋮	⋮
8%対象		43,200 円
11/1	キッチンペーパー	2,200 円
⋮	⋮	⋮
10%対象		88,000 円
合　計		131,200 円
8%対象	43,200 円（消費税 3,200 円）	
10%対象	88,000 円（消費税 8,000 円）	

△△商事㈱

登録番号 T-×××××

3　税率ごとにインボイスを発行する場合の記載例

請　求　書

（軽減税率対象）

㈱○○御中

　　令和○年 11 月 30 日

11 月分　43,200 円（税込）

日付	品　名	金　額
11/1	小麦粉	5,400 円
11/2	牛肉	10,800 円
⋮	⋮	⋮
合　計		43,200 円
内消費税(8%)		3,200 円

△△商事㈱
　登録番号 T-×××××

請　求　書

㈱○○御中

　　令和○年 11 月 30 日

11 月分　88,000 円（税込）

日付	品　名	金　額
11/1	キッチンペーパー	2,200 円
11/2	洗剤	1,100 円
⋮	⋮	⋮
合　計		88,000 円
内消費税(10%)		8,000 円

△△商事㈱
　登録番号 T-×××××

9 消費税額等の端数処理

Q49

インボイスに記載する消費税額について、単価に税率を乗じた上で端数を処理することはできますか？

A インボイスに記載する「消費税額等」とは、消費税額及び地方消費税額の合計額をいい、次のいずれかの方法で計算した金額とし、消費税額等の計算において1円未満の端数が生じた場合には、税率の異なるごとに当該端数を処理します。

$$税抜価額 \times \frac{10}{100} \left(\frac{8}{100} \right) = 消費税額等$$

$$税込価額 \times \frac{10}{110} \left(\frac{8}{108} \right) = 消費税額等$$

消費税額等の端数処理は請求書単位で行いますので、複数の商品の販売につき、単品ごとに端数処理をした上で合計することはできませんが、端数処理の方法は、切上げ、切捨て、四捨五入などの任意の方法によることができます（消基通1－8－15、インボイスQ＆A問57）。

〔計算例1〕　消費税額等の端数処理の計算方法

税抜表示	単価15円（税抜）の標準税率対象品999個と、単価13円（税抜）の軽減税率対象品555個を販売した場合の消費税額等（消費税と地方消費税の合計額）の計算 15円×999個×10／100＝ 　　　　1,498.5円→1,498円…消費税額等（10%） 13円×555個×8／100＝ 　　　　577.2円→577円…消費税額等（8%）
税込表示	単価20円（税込）の標準税率対象品1,000個と、単価10円（税込）の軽減税率対象品500個を販売した場合の消費税額等（消費税と地方消費税の合計額）の計算 20円×1,000個×10／110≒ 　　　　1,818.1円→1,818円…消費税額等（10%） 10円×500個×8／108≒ 　　　　370.3円→370円…消費税額等（8%）

〔計算例2〕　単価15円（税抜）の標準税率対象品を1,000個販売した場合

正しい処理	誤った処理
15円×1,000個＝ 　　　　15,000円 15,000円×10%＝ 　　1,500円…消費税額等	15円×10%＝ 　　1.5円→1円（切捨） 1円×1,000個＝ 　　1,000円…消費税額等

（注）　表示方法は、「10%対象　15,000円　消費税1,500円」又は「10%対象　16,500円（内消費税1,500円）」となります。

インボイスの
記載事項と
記載例②

Q50

　インボイスには「適格請求書」と明記する必要があります
りますか？　また、納品書に商品名が記載されていて
も、月末に発行するインボイスには、もう一度商品名
を記載する必要がありますか？

A　「適格請求書」とは、登録番号などの法定事項が記載された書類の法律上の名称であり、実務で使用する書類にまでこの名称を用いる必要はありません。

　中小企業であれば、手書きの領収書を交付しても何ら問題ありませんし、電話番号などで事業者が特定できる場合には、屋号や省略した名称を記載しても構いません（消基通1-8-1、インボイスQ&A問25、問26、問55）。

　また、一の書類にすべての事項を記載する必要もないので、納品書や請求書など、複数の書類全体で記載事項を満たしていれば適格請求書として認められることになります。

　適格請求書に記載する売り手（買い手）の名称や登録番号、取引内容などについては、取引先コード、商品コード等の記号、番号等による表示によることもできますが、下記の①と②に注意する必要があります（消基通１－８－３、インボイスＱ＆Ａ問56）。

---

　①　売り手が適格請求書発行事業者でなくなった
　　場合のコード表の修正
　②　売り手が適格請求書発行事業者である期間の
　　確認などの措置

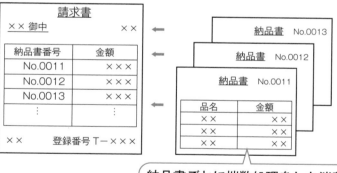

納品書ごとに端数処理をした消費
税額等を記載することができる
（インボイスＱ＆Ａ問67）

11 簡易インボイスとは？

　区分記載請求書等保存方式では、不特定多数を取引先とする小売業や飲食店業などについては、相手先の氏名又は名称の記載を省略することができました。

　インボイス制度（適格請求書等保存方式）においても、同様の簡便的な書類の発行は認められますか？

A　小売業、飲食店業、写真業、旅行業、タクシー業又は駐車場業等のように不特定多数を取引先とする事業を営む場合には、「請求書等受領者の名称」の記載を省略した簡易インボイス（適格簡易請求書）を交付することができます（消法57の4②、消令70の11）。

　簡易インボイスとは、次に掲げる事項を記載した請求書、納品書その他これらに類する書類をいいます。

＜記載事項＞

①　適格簡易請求書発行事業者の氏名又は名称

②　**登録番号**

③　取引年月日

118

④　取引内容（軽減対象品目である場合にはその旨）

⑤　**税抜（税込）取引金額を税率ごとに区分した合計額**

⑥　⑤に対する  消費税額等 又は 適用税率

両方記載することもできる
（インボイスＱ＆Ａ問58）

（注）　**太字**が区分記載請求書から適格請求書への移行に伴
い追加された記載事項です。

適格請求書

①	適格請求書発行事業者の氏名又は名称	○	○
②	登録番号	○	○
③	取引年月日	○	○
④	取引内容（軽減対象品目である場合にはその旨）	○	○
⑤	税抜（税込）取引価額を税率区分ごとに合計した金額	○	○
⑥	⑤に対する消費税額等及び適用税率	○	△
⑦	請求書等受領者の氏名又は名称	○	×

適格簡易請求書

（注）　記載が必要な項目は○、不要な項目は×で示してあ
ります。また、△はいずれか記載すればよい項目です。

インボイス（適格請求書）と異なり、簡易インボイスには、

● 「請求書等受領者の名称」を記載する必要がありません。
● 消費税額等又は適用税率のいずれかの記載でよいこととされています。

よって、スーパーやコンビニ、タクシーなどのレシートに登録番号、税率などを記載して、インボイスとして利用することができます。

例えば、個人のタクシードライバーが経費削減のために現在使用しているタクシーメーターを引き続き利用したいのであれば、〔具体例2〕のような領収書の発行を検討してみたらどうでしょうか？

このひな型であれば、従来から使用しているレシートに、あらかじめ準備したゴム印で、「10％消費税込」という文字と13桁の登録番号を押印するだけで、簡易インボイスとして利用することができます。また、見た目はあまり良くないのですが、押印する代わりに手書きで必要事項をレシートに書き加えても簡易インボイスとして認められます（インボイスQ＆A問26）。

〔具体例1〕　消費税額等と適用税率を表示するケース

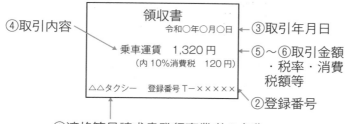

④取引内容

領収書
令和○年○月○日 ←③取引年月日

乗車運賃　1,320円
（内10%消費税　120円）

△△タクシー　登録番号 T−×××××

⑤～⑥取引金額
・税率・消費
税額等

②登録番号

①適格簡易請求書発行事業者の名称

〔具体例2〕　適用税率を表示するケース

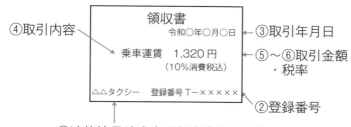

④取引内容

領収書
令和○年○月○日 ←③取引年月日

乗車運賃　1,320円
（10%消費税込）

△△タクシー　登録番号 T−×××××

⑤～⑥取引金額
・税率

②登録番号

①適格簡易請求書発行事業者の名称

 税込価額と税抜価額
が混在するレシートの
表記方法

当店で発行するレシートには、飲食料品や雑貨など
は税抜価額を記載し、「たばこ」や雑誌などの内税商
品は税込価額を記載しています。簡易インボイス（レ
シート）に表記する税率ごとの料金と消費税額等はど
のように算出すればよいですか？

A 消費税額等の端数処理は、領収書単位で行いま
す。よって、ご質問のように税抜価額を記載した
商品と税込価額を記載した商品が混在する場合には、税抜
価額か税込価額に統一して代金を記載するとともに、これ
に基づいて算出した消費税額等を記載する必要がありま
す。

なお、税抜（税込）価額を税込（税抜）価額に修正す
る場合の端数処理については特段の定めはありませんの
で、事業者が任意に算出することができます（インボイス
Q&A 問 59）。

例えば、税込 600 円の「たばこ」を税抜価額にする場
合には、円未満の端数を切捨て又は四捨五入にすると 545

円、切上げにすると 546 円ですが、どちらの表記も認められることになります。

　また、「たばこ」など、法令・条例の規定により「税込小売定価」が定められている商品や、新聞・書籍のように再販売価格維持制度の対象となる商品を販売する場合には、税抜表示をする他の商品と区分して「税込小売価格」を表示し、それぞれごとに消費税額等の計算をすることができます（インボイス Q&A 問 59）。

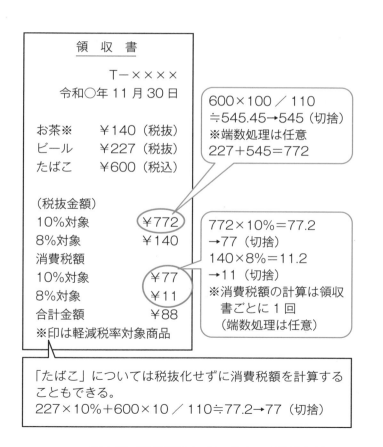

```
          領 収 書

          T−××××
      令和○年 11 月 30 日

お茶※      ¥140 （税抜）
ビール      ¥227 （税抜）
たばこ      ¥600 （税込）


（税抜金額）
10％対象      ¥772
8％対象       ¥140
消費税額
10％対象      ¥77
8％対象       ¥11
合計金額      ¥88
※印は軽減税率対象商品
```

600×100 ／ 110
≒545.45→545（切捨）
※端数処理は任意
227＋545＝772

772×10％＝77.2
→77（切捨）
140×8％＝11.2
→11（切捨）
※消費税額の計算は領収
　書ごとに 1 回
　（端数処理は任意）

「たばこ」については税抜化せずに消費税額を計算することもできる。
227×10％＋600×10 ／ 110≒77.2→77（切捨）

13 一括値引きがある 場合の計算方法

Q53

当店では、雑貨 3,300 円（税込）と牛肉 2,160 円（税込）を販売する際に、1,000 円の割引券の提示を受けました。それぞれの商品の値引額と値引き後の売上高はどのように計算したらよいですか？

A 割引券等による**一括値引き**をした場合において、適用税率ごとの値引額が明らかでないときは、<u>値引き前の価額によりあん分計算します</u>（インボイス Q&A 問 69）。

(1) 雑貨（10％対象）の売上高

$$1,000 \times \frac{3,300}{3,300 + 2,160} ≒ 604 \cdots 値引額$$

$$3,300 - 604 = 2,696 \cdots 値引き後の税込売上高$$

(2) 牛肉（8％対象）の売上高

$$1,000 \times \frac{2,160}{3,300 + 2,160} ≒ 396 \cdots 値引額$$

$$2,160 - 396 = 1,764 \cdots 値引き後の税込売上高$$

14 一括値引きがある場合の簡易インボイス①

Q54

Q53 の取引について、顧客から割引券をすべて雑貨の購入代金に使用したいと申出があった場合のレシートの記載方法について説明してください。

値引き後の価額が明らかにされているので、次のような表示になります。

```
        領 収 書
          T－××××
   令和○年 11 月 30 日

牛肉※           ￥2,160
雑貨            ￥3,300
小計            ￥5,460
割引（10％対象）  ￥1,000
───────────────
合計            ￥4,460

（10％対象￥2,300
   内消費税￥209）
（8％対象￥2,160
   内消費税￥160）

※印は軽減税率対象商品
```

2,300×10／110
≒209
（値引き後の税込価額から計算）

2,160×8／108
＝160

Q55

一括値引きがある場合のレシートの記載方法について、**Q53** の取引を例に説明してください。

A レシート（簡易インボイス）には、値引き後の適用税率ごとの売上高を表示する必要がありますので、表示方法としては、例えば次のようなものがあります（インボイス Q&A 問 69）。

```
        領 収 書

         Ｔ－××××
     令和○年 11 月 30 日

 牛肉※        ￥2,160
 雑貨         ￥3,300
 小計         ￥5,460
 割引         ￥1,000
 ─────────────────
 合計         ￥4,460

 （10%対象￥2,696
    内消費税￥245）
 （8%対象￥1,764
    内消費税￥130）
 ※印は軽減税率対象商品
```

2,696×10／110
≒245
（値引き後の税込価額から計算）

1,764×8／108
≒130
（値引き後の税込価額から計算）

　また、前項の記載方法では値引額の内訳が分からないので、税率ごとの値引き前の税込（税抜）売上高と値引額を記載することもできます。

　この場合の値引額は、次の算式により計算します。

(1)　雑貨（10%対象）の値引額

$$1{,}000 \times \frac{3{,}300}{3{,}300 + 2{,}160} \fallingdotseq 604$$

(2)　牛肉（8%対象）の売上高

$$1{,}000 \times \frac{2{,}160}{3{,}300 + 2{,}160} \fallingdotseq 396$$

```
            領 収 書
              T－××××
        令和○年 11 月 30 日

   牛肉※           ￥2,160
   雑貨            ￥3,300
   小計            ￥5,460
     (10%対象￥3,300)
     (8%対象￥2,160)

   割引            ￥1,000
     (10%対象￥604)
     (8%対象￥396)
   ─────────────────
   合計            ￥4,460
     (10%対象消費税￥245)
     (8%対象消費税￥130)

   ※印は軽減税率対象商品
```

16 返品や値引きをした場合にも書類の発行が必要！

Q56

　適格請求書を発行した後で返品や値引きが発生した場合には、修正後の適格請求書を再発行する必要がありますか？

A　返品や値引きなどに伴い、売上代金の返金や売掛金の減額（売上げに係る対価の返還等）をした場合には、その税込価額が1万円以上の場合に限り、取引先に対して「適格返還請求書」の交付が義務付けられています（消法57の4③、消令70の9③二）。

　（注）　取引先は、受領したインボイスに記載された税額から「適格返還請求書」に記載された税額を控除して仕入税額を計算します。

　「売上げに係る対価の返還等」には、課税売上げに対する返品や値引き、割戻金だけでなく、売上割引や販売奨励金、協同組合が組合員に支払う事業分量配当金も含まれます（消法38①、消基通14－1－2〜14－1－4）。

　「適格返還請求書」とは、次に掲げる事項を記載した請求書、納品書その他これらに類する書類をいいます。

＜記載事項＞

① 適格請求書発行事業者の氏名又は名称

② 登録番号

③ 売上げに係る対価の返還等を行う年月日

④ ③の売上年月日

⑤ 取引内容（軽減対象品目である場合にはその旨）

⑥ 税抜取引価額又は税込取引価額を税率区分ごとに合計した金額

⑦ ⑥に対する 消費税額等 又は 適用税率

両方記載することもできる
（インボイスＱ＆Ａ問60）

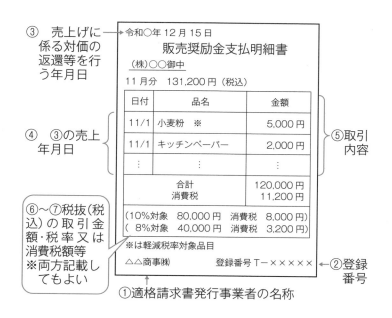

③ 売上げに係る対価の返還等を行う年月日

④ ③の売上年月日

⑥～⑦税抜（税込）の取引金額・税率又は消費税額等
※両方記載してもよい

⑤取引内容

②登録番号

①適格請求書発行事業者の名称

令和○年12月15日

販売奨励金支払明細書

（株）○○御中

11月分　131,200円（税込）

日付	品名	金額
11/1	小麦粉　※	5,000円
11/1	キッチンペーパー	2,000円
⋮	⋮	⋮
合計 消費税		120,000円 11,200円

（10%対象　80,000円　消費税　8,000円）
（ 8%対象　40,000円　消費税　3,200円）

※は軽減税率対象品目

△△商事㈱　　　　登録番号 T－×××××

❖ インボイスとセットで交付することもできる！

適格請求書と適格返還請求書は、一の書類により交付することができます。

また、税抜（税込）取引金額と消費税額についても相殺後の差額を記載することができます（消基通1－8－20）。

〔表示例1〕　売上金額と販売奨励金をそれぞれ記載するケース

請求書

(株)○○御中　　　　　令和○年11月30日

11月分　118,080円（税込）

日付	品名	金額
11/1	小麦粉　※	5,000円
11/1	キッチンペーパー	2,000円
⋮	⋮	⋮
合計 消費税		120,000円 11,200円

> 適格請求書の記載事項

（10%対象　80,000円　消費税　8,000円）
（ 8%対象　40,000円　消費税　3,200円）

販売奨励金		
10/5	小麦粉　※	2,000円
⋮	⋮	⋮
合計 消費税		12,000円 1,120円

> 適格返還請求書の記載事項

（10%対象　8,000円　消費税　800円）
（ 8%対象　4,000円　消費税　320円）

※は軽減税率対象品目

△△商事(株)　　　　　登録番号 T－×××××

〔表示例 2〕　売上金額と販売奨励金を相殺するケース

請求書

(株)○○御中　　　　　　令和○年 11 月 30 日

11 月分　118,080 円（税込）

日付	品名	金額
11/1	小麦粉　※	5,000 円
11/1	キッチンペーパー	2,000 円
⋮	⋮	⋮
	合計 消費税	120,000 円 11,200 円
	販売奨励金	
10/5	小麦粉　※	2,000 円
	合計 消費税	12,000 円 1,120 円

10%対象　72,000 円　消費税　7,200 円
 8%対象　36,000 円　消費税　2,880 円

※は軽減税率対象品目

△△商事㈱　　　　　　　登録番号 T－×××××

> 継続して売上高と対価の返還等の金額を相殺し、相殺後の金額に対する消費税額を税率ごとに記載することができる

❖ 控除税額の計算方法

　返還等対価に係る税額（申告書⑤欄の金額）は、適格返還請求書に記載した消費税額等（記載事項の⑦の金額）に78％を乗じて計算することができます（消令 58 ①）。また、適格返還請求書の交付を受けた事業者が、仕入れに係る対価の返還等の調整税額を計算する場合においても、交付を受けた適格返還請求書に記載された消費税額等（記載事項の⑦の金額）に78％を乗じて計算することができます（消令 52 ①）。

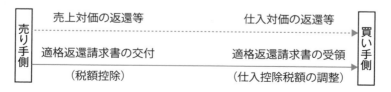

❖ 適格請求書発行事業者である期間の前後における取扱い

①	登録前の売上げについて、登録後に売上げに係る対価の返還等を行う場合（消基通1－8－18）	（登録前が免税事業者の場合）「返還等対価に係る税額」の控除はできないこととなり、また、適格返還請求書の交付は不要となる。
		（登録前が課税事業者の場合）「返還等対価に係る税額」の控除はできるが、適格返還請求書の交付は不要となる。
②	適格請求書発行事業者が適格請求書発行事業者でなくなった後、適格請求書の交付を求められたとき（消基通1－8－8）	適格請求書を交付しなければならない。
③	適格請求書発行事業者だった課税期間中の売上げにつき、適格請求書発行事業者でなくなった後で対価の返還等をした場合（消基通1－8－19）	適格返還請求書を交付しなければならない。

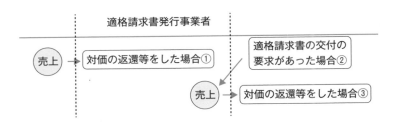

第5章

適格請求書発行事業者の義務

インボイスの交付義務と修正

適格請求書発行事業者は、インボイスの発行を省略することはできますか？　また、区分記載請求書等に誤りがあった場合には、書類の交付を受けた事業者自らが修正することができましたが、インボイスに誤りがあった場合にも、書類の交付を受けた事業者自らが修正することはできますか？

A

1　適格請求書発行事業者の取扱い

適格請求書発行事業者は、取引先から要求されたときは、インボイスを交付しなければなりません。また、<u>交付した適格請求書・適格簡易請求書・適格返還請求書などのインボイスの記載事項に誤りがあった場合には、修正したインボイスを交付することが義務付けられています</u>（消法 57 の 4 ①柱書・④）。

ただし、当初に交付したインボイスとの関連性を明らか

にした上で、修正した事項を明示した書類で代用すること
もできます（消基通 1 - 8 - 21）。

2　インボイスの交付を受けた事業者の取扱い

　記載事項に誤りのあるインボイスの交付を受けた事業者
は、修正したインボイスの再交付を求める必要がありま
す。ただし、売り手の確認を受けた上で、買い手側で誤り
を修正した仕入明細書等を作成して保存することもできま
す（インボイス Q & A 問 92）。

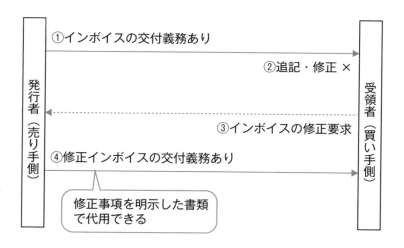

（注）　請求単価や数量誤りなどがあった場合には、修正イン
　　　ボイスを発行することなく、翌月請求分で修正するこ
　　　とができます（インボイス Q&A 問 34）。

委託販売と受託販売
（媒介者交付特例）

当社では、同業他社に自社商品の販売を委託していますが、インボイスは、受託者に依頼して発行してもらうことになるのでしょうか？

また、受託者が自らの商品と受託商品（当社の商品）を同一の者に販売した場合には、委託者である当社のインボイスと受託者のインボイスは別々に発行する必要があるのでしょうか？

A 　委託販売取引については、受託者（媒介者）が委託者の名称や登録番号などを記載した適格請求書を交付することが認められています（代理交付）。

また、次頁の①及び②の要件を満たすことにより、受託者の名称や登録番号などを記載した適格請求書を、委託者に代わって交付することができます（媒介者交付特例）。

受託者が自らの商品と受託商品を同一の者に販売した場合には、受託商品と委託商品を区分せずに一の適格請求書に記載することができます。

> ①　委託者と受託者のいずれもが適格請求書発行事業者であること（委託者に適格請求書発行事業者以外の者が混在している場合には、取引を区分する必要があります）
> ②　書面又は契約書などにより、委託者が適格請求書発行事業者である旨を受託者に通知すること

（注）「代理交付」については、受託者（媒介者）が適格請求書発行事業者である必要はありません。

　また、適格請求書のコピーが大量になるなど、事務的な諸事情がある場合には、適格請求書の写しと相互の関連が明確な精算書等の書類の保存だけでよいこととされています（消令 70 の 12、消基通 1 − 8 − 10、1 − 8 − 11、インボイス Q & A 問 48）。

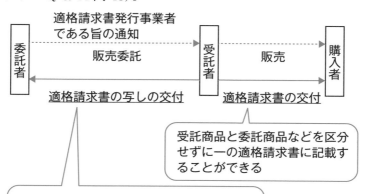

インボイスの交付が 免除される取引

スイカなどの交通系 IC カードを利用した場合や自動販売機による商品の販売などに関するインボイスの取扱いについて教えてください。

A 次頁の取引については、<u>インボイスの交付義務が免除されています</u>（消法 57 の 4 ①ただし書、消令 70 の 9、消規 26 の 6）。ただし、JR の切符や自動販売機による商品の販売については金額制限（**3 万円基準**）がありますのでご注意ください。

　3 万円未満かどうかは、切符 1 枚ごとの金額や月まとめ等の金額ではなく、1 回の取引の税込価額で判定することとされています（消基通 1 － 8 － 12）。
　例えば、東京〜大阪間の新幹線の運賃が 4 人分で 5 万 2,000 円（1 万 3,000 円 × 4 人）の場合には、料金が 3 万円以上の取引としてインボイスの発行が必要になります（インボイス Q & A 問 43）。

番号	取引内容	交付義務が免除される者
①	税込価額が３万円未満の公共交通料金	JR・バス会社など
②	卸売市場での、せり売又は入札による販売	販売者（出荷者）
③	卸売市場、農協、漁協などで受託者が販売する生鮮食料品や農林水産物等	委託者（出荷者や生産者）

委託者	→	受託者	→	購入者

適格請求書の交付義務を免除

※農業協同組合又は漁業協同組合等に委託した場合には、無条件委託方式・共同計算方式によることが条件となる（消令70の9②二ロ、インボイスQ&A問46）。
「無条件委託方式・共同計算方式」については**Q72**（163〜164頁）参照

番号	取引内容	交付義務が免除される者
④	自動販売機による税込価額が３万円未満の商品の販売	自動販売機の設置者（販売者）
⑤	郵便ポストに投函される郵便物	郵便局

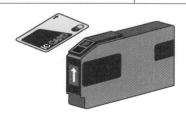

4 振込手数料と 適格返還請求書

Q60

令和5年度改正により、売り主が負担する振込手数料の取扱いが合理化されたとのことですが、その内容について教えてください。

A 売り主負担の振込手数料については、次の1~3のような処理が認められています（インボイスQ&A問29）。

1 売り手が振込手数料相当額を売上値引きとする場合

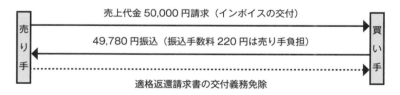

売上代金 50,000 円請求（インボイスの交付）

売り手 ← 49,780 円振込（振込手数料 220 円は売り手負担） → 買い手

適格返還請求書の交付義務免除

税込金額が1万円未満の少額取引については、「適格返還請求書」の交付義務が免除されます（消法57の4③、消令70の9③二）。

　なお、振込手数料相当額の値引きであっても、軽減税率適用対象取引の適用税率は8%となります。

2　売り手が買い手から「代金決済上の役務提供（支払方法の指定に係る便宜）」を受けた対価とする場合

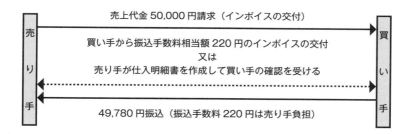

　次のいずれかの方法によることになります。
①　買い手からインボイスの交付を受ける
②　売り手が仕入明細書を作成して買い手の確認を受ける

3　買い手が売り手のために金融機関に対して振込手数料を立替払したものとする場合

　買い手から立替金精算書の交付を受ける必要がありますが、買い手がATMを利用している場合には立替金精算書は不要です（立替金精算書については**Q95**参照）。

振込手数料相当額に係る経理処理

Q61

当社では、従来から当社負担の振込手数料を支払手数料として処理していますが、会計処理（勘定科目）は変更しないままで、消費税の入力コードだけを売上値引きで処理することはできますか？

A 売り手負担の振込手数料を支払手数料として処理した場合であっても、消費税法上は「対価の返還等」として取り扱うことが認められます（インボイスQ&A問30）。

この場合、帳簿に法定事項を記載して保存する必要があるとともに、その支払手数料として処理した振込手数料を消費税のコード表や消費税申告の際に作成する帳票等により明らかにしておくなどの対応が必要になります。

なお、振込手数料相当額の値引きであっても、軽減税率適用対象取引の適用税率は8％となりますので、ご注意ください。

6 交付義務が免除される適格返還請求書の判定単位（金額基準）

Q62

　売上げに係る対価の返還等の税込金額が１万円未満の場合には、適格返還請求書の交付義務が免除されるとのことですが、この１万円の判定単位について教えてください。

A　**１万円判定**は、返還した金額や値引き等の対象となる請求や債権の単位ごとに減額した金額により判定します。よって、値引き等の金額に軽減税率と標準税率が適用されるものがある場合でも、<u>適用税率ごとではなく、値引き等の合計金額で判定する</u>ことになります（インボイスＱ＆Ａ問28）。

〔具体例〕

取引例	交付義務
500,000円の請求に対し、買い手が振込手数料相当額440円を減額した499,560円を支払ったことから、売り手が440円を対価の返還等として処理したケース	免除
400,000円の請求に対し、１商品当たり100円のリベートを後日支払ったケース。なお、リベートの支払金額は20,000円である。	免除されない

7 電子インボイス

インボイスは必ず紙で発行しなければならないのでしょうか？

A 適格請求書発行事業者は、**適格請求書・適格簡易請求書・適格返還請求書の交付に代えて、電磁的記録（電子インボイス）**を提供することができます。また、書面による請求書の内訳を電子データにより提供するなど、書面と電子データの提供を併用することも認められます。

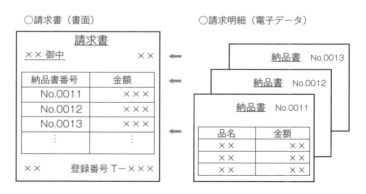

○請求書（書面）　　　　　　　　○請求明細（電子データ）

144

　なお、提供した電子データに誤りがあった場合には、修正した電子データを提供することが義務付けられています（消法57の4⑤、消基通1－8－2、インボイスQ＆A問31、問72）。

＜電子インボイスの例示＞

　①　光ディスク、磁気テープ等の記録用の媒体による提供
　②　EDI取引における電子データの提供
　（注）　EDI（Electronic Data Interchange）取引とは、異なる企業・組織間で商取引に関するデータを、通信回線を介してコンピュータ間で交換する取引等をいいます。
　③　電子メールによる電子データの提供
　④　インターネット上にサイトを設け、そのサイトを通じた電子データの提供

インボイスの保存義務

適格請求書発行事業者にも、発行したインボイスの写しを保存する義務はありますか？

電子データにより書類を提供した場合についても教えてください。

A インボイス（適格請求書・適格簡易請求書・適格返還請求書）を交付した適格請求書発行事業者は、交付した書類の写しを7年間、保存する義務があります。

また、これらの書類の交付に代えて電子データを提供した適格請求書発行事業者は、その電子データを保存する義務があります（消法57の4⑥、消令70の13、消規26の8）。

保存する書類は、交付した書類のコピーでなくても構いません。レジのジャーナルや一覧表、明細書でもOKです。電子データについては、紙で出力する方法だけでなく、所定の手続のもと、データのまま保存することも認められています（インボイスQ&A問78、問79）。

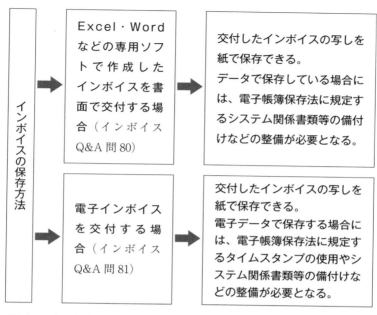

（注）　電子帳簿保存法については、次のような見直しがありました。

① 　基準期間の売上高が5,000万円以下で、データを出力書面で提示又は提出できるようにしている場合には、令和6年以降も電子で受信した国税関係書類の「取引年月日」、「取引金額」、「取引先」をデータの検索条件に設定することなどを定めた検索機能が不要となります。

② 　電子取引において、システム対応が間に合わなかったなどの相当の理由があると所轄税務署が認めた場合には、税務調査の際にデータを提出できるようにしていることを条件に、令和6年以降も国税関係書類を出力書面や電子データにより保存することができます。

偽造インボイス

Q65

適格請求書等（インボイス）に類似する書類等の交付は禁止されるそうですが、具体的にどのような書類が「適格請求書類似書類等」となるのでしょうか？

A

❖適格請求書類似書類等

「適格請求書類似書類等」とは、次のような書類をいいますが、インボイス Q&A には具体例などの掲載はありません（消法 57 の 5）。

適格請求書発行事業者	偽りの記載をした適格請求書又は適格簡易請求書	左記の書類の記載事項に係る電子データ
上記以外の者	正規の適格請求書又は適格簡易請求書と誤認されるおそれのある表示をした書類 <具体例> インボイスの登録をしていない法人が、法人番号を「T-1234567890123」と表示した請求書を発行するようなケース	

第6章

仕入税額控除の要件

帳簿の保存義務と記載事項

Q66

令和5年10月以降も帳簿の保存は必要ですか？
保存義務がある場合には、帳簿の記載事項に変更や追加はありますか？

A 適格請求書等保存方式の下においても、インボイスだけでなく、<u>法定事項が記載された帳簿の保存が仕入税額控除の要件とされています</u>（消法30⑦〜⑨）。

課税仕入れが軽減税率対象品目に係るものである場合には、帳簿に「<u>軽減対象課税資産の譲渡等に係るものである旨</u>」を記載することとされています。この記載事項は、区分記載請求書等保存方式により令和元年10月1日から義務付けられているものなので、要は、<u>帳簿の記載事項と保存要件については令和5年10月1日以後も変更はない</u>ということです。

なお、保存が義務付けられている書類はインボイスだけではありません。仕入計算書や仕入明細書、卸売市場や農協、漁協などが発行する書類についても、法定事項が記載

されていることや法定要件をもとに、仕入税額控除の証明
書類として認めることとしています。

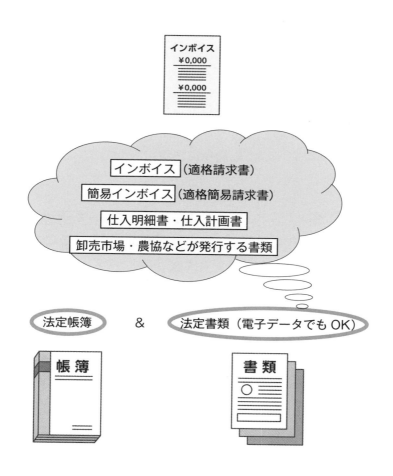

インボイス（適格請求書）

簡易インボイス（適格簡易請求書）

仕入明細書・仕入計画書

卸売市場・農協などが発行する書類

法定帳簿　　&　　法定書類（電子データでも OK）

帳簿

書類

インボイスの保存義務

電子インボイスを受領しましたが、これを出力して書面で保存することはできますか？　電子データによる保存方法についても簡単に説明してください。

A　電子インボイスを受領した場合でも、電子データの保存に代えて、出力した書面で保存することができます（インボイスＱ＆Ａ問85）。

なお、電子帳簿保存法については、次のような見直しがありました。

① 　基準期間の売上高が5,000万円以下で、データを出力書面で提示又は提出できるようにしている場合には、令和6年以降も電子で受信した国税関係書類の「取引年月日」、「取引金額」、「取引先」をデータの検索条件に設定することなどを定めた検索機能が不要となります。

② 　電子取引において、システム対応が間に合わなかったなどの相当の理由があると所轄税務署が認めた場合には、税務調査の際にデータを提出できるようにしていることを条件に、令和6年以降も電子で受け取った国税関

係書類を保存することができます。

●電子インボイスの保存方法

保存方法	書　面	電子データ
消費税	○	○
所得税・法人税	×	○

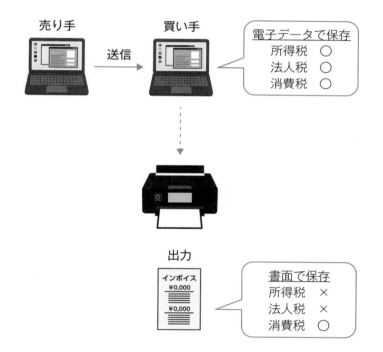

売り手　　　　　買い手　　　　　電子データで保存
　　　　　　　　　　　　　　　　　所得税　○
　　　送信　　　　　　　　　　　　法人税　○
　　　　　　　　　　　　　　　　　消費税　○

出力

インボイス
¥0,000
¥0,000

書面で保存
所得税　×
法人税　×
消費税　○

3 インボイスが不要なケース

Q68

当社では、クレジットカードの利用明細書をもとに、支払金額が３万円未満の経費は領収書の保存をしないで仕入税額控除の対象としています。課税仕入れに係る支払対価の額の合計額が３万円未満の場合、帳簿の保存のみで仕入税額控除が認められている現行法による取扱いは、令和５年10月以降も継続すると考えてよろしいですか。

A 　課税仕入れに係る支払対価の額の合計額が３万円未満の場合、請求書等の交付を受けなかったことについてやむを得ない理由がある場合には帳簿の保存のみで仕入税額控除が認められていますが、この措置については令和５年10月１日から廃止となります（旧消令49①）。

ただし、次に掲げる課税仕入れについては、<u>その課税仕入れを行った事業者において適格請求書等の保存を省略することができます</u>ので、下記の①～⑩に該当する旨などを記載した帳簿のみの保存により、仕入税額控除が認められることになります（消令49①・⑦、消規15の4）。

① 　インボイスの交付義務が免除される公共交通料金（３万円未満のものに限る）

② 　簡易インボイスの要件を満たす入場券等が使用の際に回収されるもの

③ 　古物営業を営む者が適格請求書発行事業者でない者から買い受ける販売用の古物（サラリーマンから下取りする中古自動車など）

④ 　質屋を営む者が適格請求書発行事業者でない者から買い受ける販売用の質草

⑤ 　宅地建物取引業を営む者が適格請求書発行事業者でない者から買い受ける販売用の建物（サラリーマンから買い取るマンションなど）

⑥ 　適格請求書発行事業者でない者から買い受ける販売用の再生資源又は再生部品

⑦ 　自動販売機から購入したもの（３万円未満のものに限る）

⑧ 　郵便ポストを利用した配達サービス料金

⑨ 　出張旅費、宿泊費、日当、転勤支度金（消基通11－6－4、インボイスＱ＆Ａ問107）

⑩ 　通勤手当（消基通11－6－5、インボイスＱ＆Ａ問108）

4 少額特例①

　課税売上高が一定金額以下の事業者については、インボイスの保存を不要とする制度が創設されたとのことですが、適用対象事業者と適用対象期間はどのようになっていますか？

A　基準期間における課税売上高が１億円以下又は特定期間における課税売上高が5,000万円以下である事業者が国内において行う課税仕入れについては、税込課税仕入高が１万円未満である場合、一定の事項が記載された帳簿のみの保存により仕入税額控除を認めることとしました（平成28年改正法附則53の2、平成30年改正消令附則24の2）。

　（注）　特定期間とは、原則として個人事業者は前年１月１日～６月30日までの期間、法人は直前事業年度の上半期になります（消法9の2④）。

1　給与等の支払額による判定

　この制度は、固定資産の譲渡など、臨時の課税売上高が

発生したことにより一時的に基準期間における課税売上高が増加した場合に備え、特定期間における課税売上高により判定することを認めたものと思われます。よって、基準期間における課税売上高が1億円を超えていても、特定期間における課税売上高が5,000万円以下であれば適用することができますが、**特定期間における課税売上高に代えて給与等の支払額を用いることはできません**のでご注意ください。

　（注）　納税義務の判定では、特定期間中の課税売上高に代えて給与等の支払額によることが認められています（消法9の2③）。

　また、資本金1,000万円未満で設立した法人の2期目の基準期間はありませんので、たとえ特定期間中の課税売上高が5,000万円を超えている場合であっても、少額特例の適用を受けることができます（インボイスQ&A問111（注）1）。

2　適用対象期間

　少額特例は課税期間単位ではなく、**令和5年10月1日から令和11年9月30日までの間に国内において行う課税仕入れ**について適用することができます。よって、個人事業者の令和11年の取引であれば、1月1日から9月30日までの間は少額特例が適用できるのに対し、10月1日以降の取引については、たとえ1万円未満の経費でも原則としてインボイスの保存が必要となるのでご注意ください。

少額特例②

少額特例の規定は、課税仕入高が 1 万円未満の場合に適用できるとのことですが、この 1 万円の判定は、支払金額に 100／110（100／108）を乗じた税抜金額で判定してよいのでしょうか？

また、5,000 円の商品と 7,000 円の商品を購入した場合には、それぞれの購入金額が 1 万円未満であることから、少額特例を適用することができますか？同時に購入した場合と別の日に購入した場合では取扱いが異なるのでしょうか？

A 「課税仕入れに係る支払対価の額」とは税込みの課税仕入高のことなので、支払金額に 100／110（100／108）を乗じた金額で比較することはできません。

また、1 万円と比較する課税仕入高（税込）は、一商品ごとの仕入金額ではなく、取引ごとに発行される納品書や請求書の単位で判定することとされています。

月まとめ請求書のように、複数の取引をまとめた単位に

より判定することはできないことに留意する必要があります。

　ご質問のケースですが、下記〔具体例〕の①のように、別々の日に購入した場合にはそれぞれの日における購入金額が１万円未満となるので、少額特例の適用を受けることができます。ただし、②のように同時に購入した場合には、その合計金額が１万円以上となることから少額特例の適用を受けることはできません。

　商品の購入の他、クリーニング代や清掃業務の支払について、インボイスQ&Aでは下記のような例示を掲げています（インボイスQ&A問112）。

〔具体例〕

取引例	判定
①　5,000円の商品をXX月３日に購入、7,000円の商品をXX月10日に購入し、それぞれで請求・精算した場合	○
②　5,000円の商品と7,000円の商品（合計12,000円）を同時に購入した場合	×
③　１回8,000円のクリーニングをXX月２日に１回、XX月15日に１回行い、それぞれで請求・精算した場合	○
④　月額100,000円の清掃業務（稼働日数：12日）	×

6 仕入計算書・仕入明細書の取扱い

Q71

当社では仕入先から送付された納品リストをもとに仕入計算書を作成し、仕入先に内容の確認を受けた上で仕入代金を支払っています。仕入先からは請求書や領収書は交付されません。当社が作成する仕入計算書をインボイスの代わりに保存することで、仕入税額控除は認められるでしょうか？

A デパートと問屋との取引などにおいては、買い手側であるデパートが、納品された商品のうち、実際に売れた商品についてだけ、問屋からの仕入れを計上するという取引手法があり、これを「消化仕入れ」といいます。この場合には、売り手側（問屋）からは請求書等の書類は発行されず、買い手側（デパート）が仕入明細書などの書類を作成し、売り手側に確認を受けるということになりますので、<u>この**仕入明細書**、**仕入計算書**など、仕入サイドで作成する書類についても、法定事項が記載されているものは、請求書等と同じ効力があるものとして取り扱うこととしています。</u>

　また、仕入明細書等に誤りがあった場合には、売り手側の確認を受けた上で、仕入明細書等の発行者である買い手側が修正した仕入明細書等を発行することも認められます（インボイスQ&A問32、問92）。

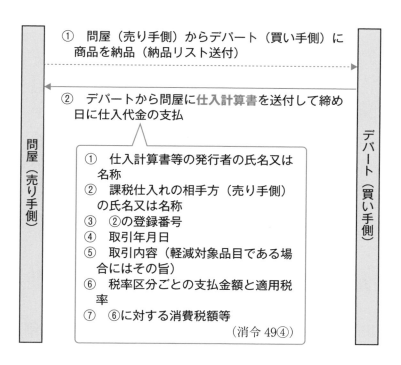

① 問屋（売り手側）からデパート（買い手側）に商品を納品（納品リスト送付）

② デパートから問屋に**仕入計算書**を送付して締め日に仕入代金の支払

　① 仕入計算書等の発行者の氏名又は名称
　② 課税仕入れの相手方（売り手側）の氏名又は名称
　③ ②の登録番号
　④ 取引年月日
　⑤ 取引内容（軽減対象品目である場合にはその旨）
　⑥ 税率区分ごとの支払金額と適用税率
　⑦ ⑥に対する消費税額等
　　　　　　　　　　　　　（消令49④）

問屋（売り手側）

デパート（買い手側）

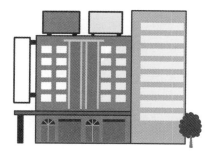

7 農協特例①

　私は個人で農業を営む消費税の免税事業者です。収穫する農作物は、地元の農協に出荷して販売を委託するものの他、契約事業者に定期的に販売するものがあります。私が適格請求書の登録申請をしない限り、収穫した農作物を購入する事業者は、仕入税額控除ができないことになるのでしょうか？

A

1　農協に販売委託する農作物の取扱い（農協特例）

　媒介又は取次に係る業務を行う卸売市場、農業協同組合又は漁業協同組合等は、生産者に代行して購入者に書類を発行しています。<u>この書類は、販売者である生産者が発行するものではありませんが、法定事項が記載されていることを条件に、インボイスと同じ効力があるものとして取り扱われます</u>。

　（注）　生産者はインボイスの発行義務が免除されています

162

（139 頁参照）。

　したがって、生産者が免税事業者であったとしても、農作物を農協で購入する事業者は、農協が発行する書類の保存を条件に仕入税額控除が認められることになります。

　農業協同組合又は漁業協同組合等が作成する書類には、委託者（生産者等）の登録番号を記載する必要はありません。

　ただし、農業協同組合又は漁業協同組合等に販売委託をする場合には、<u>無条件委託方式・共同計算方式</u>により販売を委託した場合でなければ、仕入税額控除の要件を満たす法定書類として使用することはできないので注意が必要です（消令 70 の 9 ②二ロ、インボイス Q&A 問 46）。

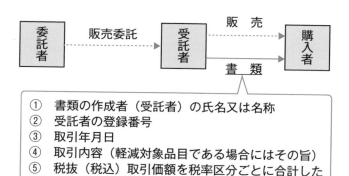

① 書類の作成者（受託者）の氏名又は名称
② 受託者の登録番号
③ 取引年月日
④ 取引内容（軽減対象品目である場合にはその旨）
⑤ 税抜（税込）取引価額を税率区分ごとに合計した金額と適用税率
⑥ ⑤に対する消費税額等
⑦ 書類の受領者の氏名又は名称　　　　　　（消令 49⑥）

○**無条件委託方式**……農業者が JA に対し、売値、出荷時期、出荷先等の条件を付けずに販売を委託することをいいます。

〔具体例〕

　Aが、トマトをJAに出荷する場合、その売る値段、時期、販売先について指定することなく、JAの自由判断に任せる。JAはトマトを大量に集め、計画的に出荷することで有利な価格を実現することを狙いとするものです。

○**共同計算方式**……農産物は同じ品質でも、日別、市場別により価格差が出るため、一定の時期内で、農産物の種類、品質、等級などの区分ごとの平均価格で組合員に精算する計算方法をいいます。

〔具体例〕

　Bのキュウリが1箱1,000円、Cの同じ品質のキュウリが翌日出荷したら800円だったとします。この場合、2日間の価格を平均してBも、Cも900円を受け取ることになります（(1,000円＋800円)÷2＝900円）。

　共同計算方式は、非常に高値もない代わりに、不利になることもなく、価格が安定するため農業者は安定的な経営が行えるというメリットがあります。

　　（注）　共同計算方式については、消費税法施行令70条の9
　　　　　第2項2号ロ、消費税法施行規則26条の5第2項に計
　　　　　算方法が定められています。
　　（参考文献）　JAグループ神奈川ホームページ、「DHCコン
　　　　　メンタール消費税法」（第一法規）　2－2 5060の59

2 直売する農作物の取扱い

　免税事業者である生産者から直売で購入した農作物は仕入税額控除の対象とはなりません。ただし、下記①と②の要件を満たすものであれば、農協というフィルターを経由して購入することで、仕入税額控除の対象とすることができることになります（農協特例）。

> ①　無条件委託方式かつ共同計算方式による販売であること
> ②　生産者を特定せずに販売するものであること

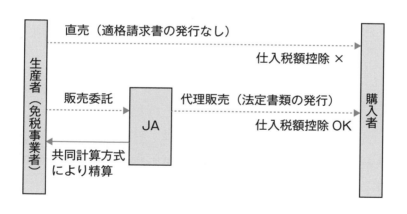

8 農協特例②

Q73

　私は個人で農業を営む消費税の課税事業者です。収穫する農作物は、ネット通販や現地販売の他、地元の農協に出荷して販売委託しているものもあります。

　ただし、販売委託している商品の精算は共同計算方式によらず、販売価格の10%を手数料として農協に支払うこととしています。この場合、購入者に交付するインボイスの取扱いはどうなりますか？

A 　共同計算方式で精算しない場合には、**Q72** で説明した農協特例によることはできません。

　ただし、<u>委託販売取引については、受託者（媒介者）が委託者の名称や登録番号などを記載した適格請求書を交付することが認められています</u>（代理交付）。

　また、次の①及び②の要件を満たすことにより、<u>受託者の名称や登録番号などを記載した適格請求書を委託者に代わって交付することができます</u>（媒介者交付特例）。

① 委託者と受託者のいずれもが適格請求書発行事業者であること
② 書面又は契約書などにより、委託者が適格請求書発行事業者である旨を受託者に通知すること

（注） 詳細については **Q58** をご参照ください。

9 卸売市場の特例

Q72～Q73 によれば、免税事業者である農家（生産者）が、無条件委託方式・共同計算方式により農協に農作物を販売委託した場合には、購入者は、農協が発行する書類により仕入税額控除ができることになっています。しかし、実際に農協に販売委託した農作物は卸売市場で売買されるので、買付人である小売店や飲食店は、卸売業者や仲卸業者が発行した領収証を受領することになります。

このような場合には、買付人である小売店や飲食店は、卸売業者や仲卸業者から登録番号などの法定事項が記載されたインボイスを受領することにより、仕入税額控除が認められることになりますか？

A

1 インボイスの交付が免除される取引

下記①～③の卸売市場におけるせり売又は入札の方法に

よる取引では、販売者（出荷者）のインボイスの交付義務
が免除されています。また、これらの卸売市場に委託して
生鮮食料品等を販売する場合にも、委託者である出荷者や
生産者はインボイスの交付義務はありません（消法57の
4①ただし書、消令70の9②二）。

① 　農林水産大臣の認定を受けた中央卸売市場
② 　都道府県知事の認定を受けた地方卸売市場
③ 　農林水産大臣の確認を受けた卸売市場　（①及び②に準
　ずる卸売市場）

2　購入者の取扱い

　上記①～③の卸売市場で買い付けをする事業者は、<u>卸売
業者や仲卸業者が発行する法定書類により仕入税額控除が
できることになります</u>（消法30⑨四、消令49⑤）。

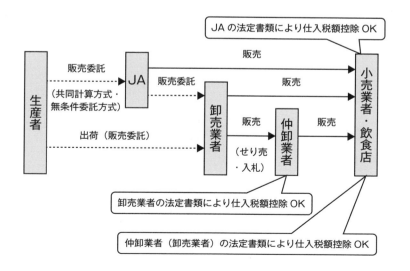

Column

諸外国の消費税率

　消費税の税率で世界最高峰はハンガリーの 27％です。ただし、ハンガリーに限らず、よその国では軽減税率を採用している国が多いので、税率だけを比較してみてもあまり意味がありません。また、日本とハンガリーでは課税ベースとなる消費支出額も大きく異なりますので、他国の消費税率は、あくまでも参考数値として認識する必要がありそうです。

　ちなみに、カナダの税率は 5％となっていますが、これは日本でいうところの国税（消費税）に相当する税率です。カナダでは連邦税を採用している州が多いので、国税（GST）だけでなく、州税（PST）も認識する必要があるのです。例えば、ブリティッシュコロンビア州では、5％の GST と 7％の PST が併用されていますので、実際の適用税率は日本よりも高いということになるのです。

　主な国の（標準）税率は次のようになっています。

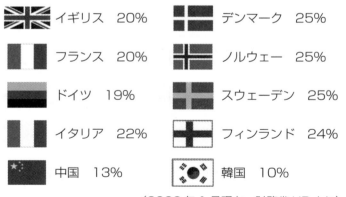

イギリス　20%　　デンマーク　25%

フランス　20%　　ノルウェー　25%

ドイツ　19%　　スウェーデン　25%

イタリア　22%　　フィンランド　24%

中国　13%　　韓国　10%

（2023 年 1 月現在　財務省 HP より）

第7章

税額の計算方法が変わる！

税額の計算方法

インボイスの導入により、売上税額や仕入税額の計算方法は変わるのでしょうか？

A インボイス導入後でも、<u>売上税額の計算は**割戻方式**が原則となります</u>。ただし、インボイスに記載された税額を積み上げて計算することも認められます。

<u>仕入税額の計算は、インボイスに記載された税額を積み上げて計算する**積上方式**が原則とされています</u>が、タクシー代のように税額の記載がない簡易インボイスについては個々に割戻計算をする必要があります。

また、売上税額の計算で割戻方式によることを条件に、仕入税額の計算でも割戻方式を採用することができます。

インボイスに記載する消費税額等の端数を切捨てにした場合、売上税額の計算は積上方式が有利に（少なく）なります。これに対し、仕入税額の計算は、課税期間中の課税仕入高の合計額を割り戻したほうが有利に（多く）なりますが、このような組合せによる税額計算は認められないこととなりますので注意が必要です。

売上税額	仕入税額	要否
総額割戻方式	総額割戻方式	○
	帳簿積上方式	○
	請求書等積上方式	○
適格請求書等積上方式	請求書等積上方式	○
	帳簿積上方式	○
	総額割戻方式	×

> 　売上税額の計算で「適格請求書等積上方式」と「総額割戻方式」を併用した場合であっても採用することはできない

❖ 売上税額の計算

●原則（総額割戻方式）

　課税標準額に対する消費税額は、税率の異なるごとに区分した税込課税売上高を割り戻して課税標準額を計算し、それぞれに税率を乗じて課税標準額に対する消費税額を計算します（消法 45 ①）。

$$\boxed{\begin{array}{l}\text{税込課税売上高}\\\text{の合計額}\end{array}} \times \frac{100}{110}\left(\frac{100}{108}\right) = \text{課税標準額（千円未満切捨）}$$

課税標準額 × 7.8(6.24)％ ＝ 売上税額

○特例（適格請求書等積上方式）

　適格請求書発行事業者が、交付したインボイスの写しを保存している場合には、これらの書類に記載した消費税額等を積み上げて課税標準額に対する消費税額を計算することができます（消法 45 ⑤、消令 62）。

　（注）　**Q58** で説明した媒介者交付特例の適用を受ける委託商品についても適用することができます（インボイス Q & A 問 122）。詳細については 191 頁をご参照ください。

　なお、上記の「総額割戻方式」と「適格請求書等積上方式」は、取引先単位又は事業単位で併用することもできますので、商品の売上高には「適格請求書等積上方式」を採用し、車両などの中古資産を売却した場合には「総額割戻方式」を採用するといったような税額計算の方法も検討する必要がありそうです（消基通 15 － 2 － 1 の 2)。

　インボイスに記載する消費税額等の端数を切捨てにした場合には、当然のことながら「適格請求書等積上方式」を採用したほうが売上税額は少なくなるので税負担を圧縮することができます。

　ただし、売上税額の計算で「積上計算」を採用した場合には、仕入税額の計算で「総額割戻方式」を採用することはできません。

　売上税額の計算で「適格請求書等積上方式」を採用したい場合には、「請求書等積上方式」による仕入税額の計算は事務処理が煩雑になることから、「帳簿積上方式」の採用を検討するのが現実的ではないかと思われます。

　（注）　旧消費税法施行規則22条1項の経過措置（積上特例計算）は令和5年10月1日より廃止されました。

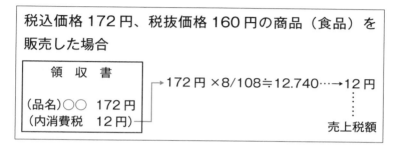

税込価格172円、税抜価格160円の商品（食品）を販売した場合

```
    領　収　書
（品名）○○　172円
（内消費税　12円）
```

→ 172円 ×8/108≒12.740…→12円
　　　　　　　　　　　⋮
　　　　　　　　　　　売上税額

❖ 仕入税額の計算

●原則（請求書等積上方式）

　課税仕入れに係る消費税額は、インボイスに記載された消費税額等を積み上げて計算します（消法30①、消令46①一〜五）。

　ただし、税込金額の記載だけで消費税額等の記載がない簡易インボイス、帳簿の保存だけで仕入税額控除が認められる旅費や中古建物の取得などについては、支払金額を割り戻して消費税額等を計算する必要があります（消令46①二かっこ書・六）。

　（注）　簡易インボイスの端数処理は任意ですが、旅費や中古建物などについては、円未満の端数を切捨て又は四捨五入により計算します（切上げ処理はできません）。

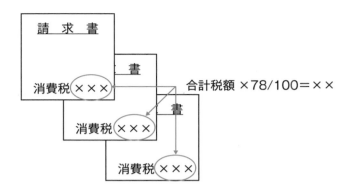

○特例1（帳簿積上方式）

　取引の都度、税込課税仕入高を割り戻し、1円未満の端数を切捨て又は四捨五入した消費税額等を帳簿に記載している場合には、帳簿に記載した消費税額等の合計額をもとに仕入税額を計算することができます（消令46②）。

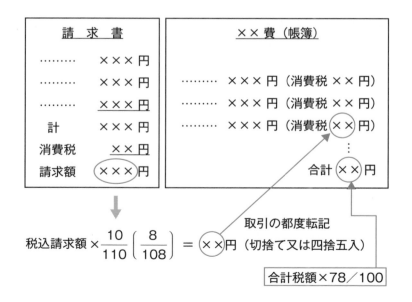

　この「帳簿積上方式」は、上記の「請求書等積上方式」と
併用することができます（消基通11－1－9、11－1－10）。
　請求書等積上方式は、取引ごとに税額を集計する必要が
ありますので、入力処理が煩雑になることが危惧されま
す。帳簿積上方式は、会計ソフトに税込金額を入力するこ
とにより消費税額等を自動計算できるので、効率と節税の
面からも実用的な計算方法ではないかと思われます。

○特例2（総額割戻方式）

　売上税額の計算で「総額割戻方式」を採用している事業
者は、税込課税仕入高を割り戻して仕入税額を計算するこ
とができます（消令46③）。

$$\boxed{\text{税込課税仕入高の課税期間中の合計額}} \times \frac{7.8}{110}\left(\frac{6.24}{108}\right) = \text{仕入税額}$$

　この「総額割戻方式」は、売上税額の計算で「総額割戻
方式」を採用している場合に限り認められます。したがっ
て、売上税額の計算で「適格請求書等積上方式」を採用
した場合はもちろんのこと、「適格請求書等積上方式」と
「総額割戻方式」を併用した場合であっても、仕入税額の
計算で「総額割戻方式」を採用することはできません。
　また、「総額割戻方式」は、「請求書等積上方式」や「帳
簿積上方式」と併用することができません（消基通15－
2－1の2（注）2、11－1－9）。

売上税額の計算	●原則（割戻計算）◀------------------------------ $\boxed{\text{税込売上高}} \times \dfrac{100}{110}\left(\dfrac{100}{108}\right) = $ 課税標準額（千円未満切捨） 課税標準額 ×7.8（6.24）％＝売上税額 ○特例（積上計算）———————————— $\boxed{\text{適格請求書等に記載された 10％(8％)の消費税額等の合計額}}$ $\times \dfrac{78}{100} = $ 売上税額 ※割戻計算と積上計算は、取引先単位又は事業単位で併用することができる。
仕入税額の計算	●原則（積上計算）◀—————————————— $\boxed{\text{適格請求書等に記載された 10％(8％)の消費税額等の合計額}}$ $\times \dfrac{78}{100} = $ 仕入税額 ※消費税額等の記載がない適格簡易請求書や旅費などについては割戻計算を併用する必要がある。 ○特例1（帳簿積上計算）◀—————————— $\boxed{\text{取引ごとの税込仕入高}} \times \dfrac{10}{110}\left(\dfrac{8}{108}\right) = \bigcirc\!\!\!\text{消費税額等} \cdots$帳簿へ記載 消費税額等の合計額$\times \dfrac{78}{100} = $ 仕入税額 ※消費税額等の1円未満の端数を切上げにすることはできない。 ○特例2（割戻計算）------------------------------ $\boxed{\text{税込仕入高の課税期間中の合計額}} \times \dfrac{7.8}{110}\left(\dfrac{6.24}{108}\right) = $ 仕入税額 ※売上税額で割戻計算をしている場合に限り適用することができる（割戻計算と積上計算を併用している場合には適用できない）。

2 決算締切日の適用を受ける場合

Q76

　当社は３月決算法人で、毎月 20 日締めで売上請求をしています。また、毎月 20 日締めで仕入先から請求書（インボイス）が送られてきますので、売上高と仕入高のいずれについても法人税基本通達２－６－１（決算締切日）により法人税及び消費税の申告をしています。当社では、令和６年３月決算期において、積上計算により売上税額と仕入税額を計算することはできますか？

A　法人税基本通達２－６－１（決算締切日）により法人税及び消費税の申告をしている場合には、**Q77** のような売上税額の積上計算のための課税期間ごとの区分の対応は不要となります。また、**Q78** のような仕入税額の積上計算のための課税期間ごとの区分の対応も必要ありません（インボイス Q&A 問 125・129）。したがって、インボイスに記載されている令和５年３月 21 日〜令和６年３月 20 日期間中の消費税額を基に、積上計算により売上税額（仕入税額）を計算することができます。

3 20日締めの売上請求書

Q77

当社は３月決算法人です。毎月20日締めで売上請求をしているのですが、積上計算により売上税額を計算することはできますか？

A 売上税額の積上計算は、課税期間中の課税売上高につき、インボイスに記載された消費税額等の合計額に78／100を乗じて計算することとされています（消法45⑤）。よって、決算締切日の適用を受ける場合（**Q76**）を除き、<u>決算日をまたぐ取引につき発行されたインボイスに記載された消費税額等を基に、積上計算を適用することはできません。</u>ただし、下図のように期首を含む「４月１日〜４月20日」と期末を含む「３月21日〜３月31日」について割戻計算を適用することにより、積上計算と併用す

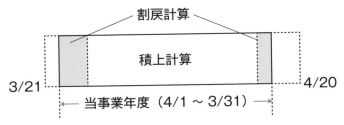

ることができます。

　なお、インボイスの内訳を「3 月 21 日〜3 月 31 日」と「4 月 1 日〜4 月 20 日」に区分した上で、それぞれの期間ごとに売上税額を表示することにより、事業年度（課税期間）中の売上高のすべてについて積上計算を適用することもできます（インボイス Q&A 問 125）。

請求書

(株)○○御中　　　　　　　令和○年 4 月 30 日

4 月分　393,600 円（税込）

日付	品名	金額
3/21	小麦粉　※	5,000 円
⋮	⋮	⋮
3/31	キッチンペーパー	2,000 円
3/21 〜 3/31 合計		120,000 円
消費税		11,200 円
(10%対象　80,000 円　消費税　8,000 円)		
(8%対象　40,000 円　消費税　3,200 円)		
4/1	小麦粉　※	10,000 円
⋮	⋮	⋮
4/20	キッチンペーパー	4,000 円
4/1 〜 4/20 合計		240,000 円
消費税		22,400 円
(10%対象 160,000 円　消費税 16,000 円)		
(8%対象　80,000 円　消費税　6,400 円)		

※は軽減税率対象品目

△△商事㈱　　　　　　　登録番号 T−×××××

4 20日締めの仕入請求書

Q78

当社は3月決算法人です。毎月20日締めで仕入先から請求書（インボイス）が送られてきますが、積上計算により仕入税額を計算することはできますか？

A 仕入税額の積上計算は、インボイスに記載された消費税額等の合計額に78／100を乗じて計算することとされています（消法30①、消令46①）。よって、決算日をまたぐ取引につき発行されたインボイスに記載された消費税額等を基に、積上計算を適用する場合には、次頁のような方法で、当事業年度（課税期間）の消費税額を算出する必要があります（インボイスQ&A問129）。

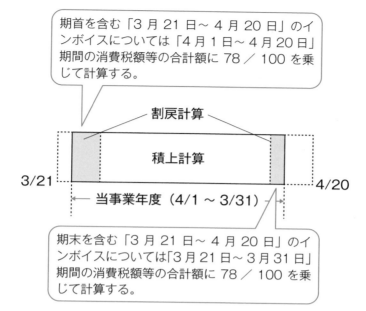

期首を含む「3 月 21 日〜 4 月 20 日」のインボイスについては「4 月 1 日〜 4 月 20 日」期間の消費税額等の合計額に 78 ／ 100 を乗じて計算する。

割戻計算

積上計算

3/21　　4/20

当事業年度（4/1 〜 3/31）

期末を含む「3 月 21 日〜 4 月 20 日」のインボイスについては「3 月 21 日〜 3 月 31 日」期間の消費税額等の合計額に 78 ／ 100 を乗じて計算する。

（注）帳簿積上方式により計算することもできます。

　　また、決算締切日の適用を受けることもできます（**Q76**）。

5 仕入明細書を 受領した場合の 売上税額の積上計算

Q79

当社では、売上税額の計算につき、積上計算を採用することにしていますが、取引先の中には、仕入明細書により支払が行われ、当社が作成した請求書を受け取ってもらえない取引先もあります。このようなケースでは、仕入明細書に基づき受領する売上高についてだけは、割戻計算によることになるのでしょうか？

A 仕入明細書の記載事項については、売り手である御社が内容を確認することが買い手側における仕入税額控除の要件となります。

よって、仕入明細書に記載された消費税額等の情報は売り手と買い手で共有することとなりますので、法定事項が記載された仕入明細書を受領してこれを法定期間保存することを条件に、仕入明細書に記載された消費税額を基に売上税額の積上計算をすることができます（インボイスＱ＆Ａ問121）。

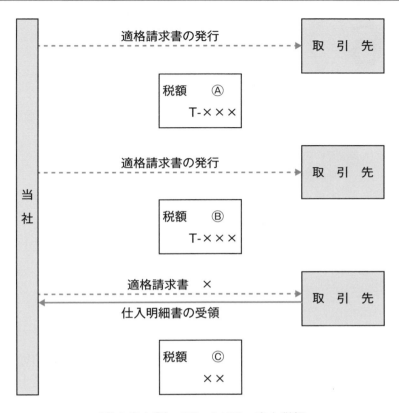

（Ⓐ＋Ⓑ＋Ⓒ）×78／100＝売上税額

6 非登録事業者からの課税仕入れに係る税額計算

Q80

　免税事業者などの非登録事業者から課税仕入れを行った場合にはインボイスを入手することができません。したがって、仕入控除税額の計算は、割戻計算しかできないことになるのでしょうか。

A　非登録事業者からの課税仕入れについてはインボイスを入手することができませんが、「総額割戻方式」は無論のこと、「請求書等積上方式」や「帳簿積上方式」を採用する場合であっても、仕入税額を計算することが認められています（平成30年改正消令附則22①、23①、インボイスQ&A問130）。

計算方式	仕入税額の計算
請求書等積上方式	経過措置の適用を受ける税込課税仕入高× 7.8／110（6.24／108）×80％（50％）＝取引ごとの消費税額
帳簿積上方式	⋮　　　　　　　仕入税額（合計額） ※消費税額については、課税仕入れの都度、1 円未満の端数を切捨て又は四捨五入する。
総額割戻方式	経過措置の適用を受ける税込課税仕入高の合計額×7.8／110（6.24／108）×80％（50％）＝仕入税額

　また、税抜経理を採用している場合において、「請求書等積上方式」又は「帳簿積上方式」により仕入税額を計算する場合には、課税仕入れの都度、「消費税等相当額×80％（50％）」の仮払消費税額等を算出して端数処理をすれば、「仮払消費税等の合計額×78／100」を課税仕入れに係る消費税額とすることができます。

$$\boxed{\begin{array}{c}経過措置の適用\\を受ける税込課\\税仕入高\end{array}}×10／110（8／108）×80％（50％）$$

$$＝\boxed{仮払消費税額等}×78／100＝\boxed{仕入税額}$$

（端数切捨て又は四捨五入）　　　　　（端数切捨て）

7 委託販売と受託販売

Q81

委託販売については、委託者は受託者の手数料を控除する前の総額を売上高に計上し、手数料を仕入高に計上する方法（総額処理）が原則とされています。

ただし、課税期間中の委託販売取引のすべてについて、手数料控除後の金額を売上高に計上することも認められます（純額処理）。委託者が、総額処理により申告する場合には、受託者に支払う手数料について、インボイスの保存が必要になりますが、委託者が純額処理により申告する場合には、受託者からインボイスの交付を受ける必要はないと考えてよいですか？

また、委託販売における受託者は、原則として受託販売手数料を売上計上することになりますが、受託品が課税資産であることを条件に、受託品の販売金額を課税売上高に計上し、委託者への送金額を課税仕入高に計上する方法も認められます（総額処理）。受託者が総額処理により申告する場合には、委託者からインボイスの交付を受ける必要はありますか？

1　委託者の取扱い

　総額処理の場合だけでなく、たとえ純額処理による場合であっても、受託者から交付を受けたインボイスの保存は必要です（インボイスQ＆A問123）。

　なお、委託品が軽減税率対象品の場合には、委託品の譲渡には8％の軽減税率が適用されるのに対し、受託者の手数料には役務提供の対価として10％の標準税率が適用されることになります。したがって、委託者は純額処理によることはできませんのでご注意ください。

2　受託者の取扱い

　委託販売における受託者は、受託品が標準税率対象課税商品であることを条件に、総額処理によることができます。この場合における委託者への送金額は、委託者からの仕入商品につき、代金を支払ったわけではありませんので、委託者からインボイスの交付を受ける必要はありません（インボイスQ＆A問124）。

	委託者の取扱い	受託者の取扱い
原則	売上高と手数料を両建計上する（総額処理）	委託販売手数料を売上計上する
例外	手数料控除後の金額を売上計上する（純額処理） ※軽減税率対象品については適用できない。 ※統一適用が条件	受託商品の販売金額を課税売上高とし、委託者への送金額を課税仕入高に計上する（総額処理）。 ※委託者から標準税率対象課税商品の販売のみを委託されている場合に限られる。

<計算例>

　商品の売上高が10,000で、受託者の手数料が2,000の場合の委託者と受託者の処理は下記のようになります。

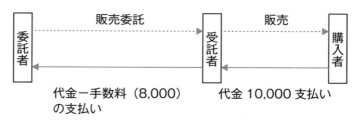

	委託者の取扱い	受託者の取扱い
原則	課税売上高　10,000 課税仕入高　　2,000	課税売上高　　2,000
例外	課税売上高　　8,000 (10,000 − 2,000 = 8,000)	課税売上高　10,000 課税仕入高　　8,000

3　委託者の処理

　売上高10,000と仕入高（手数料）2,000を両建計上する方法（総額処理）と、手数料控除後の8,000だけを売上計上する方法（純額処理）とのいずれかを選択することができます。なお、いずれの方法による場合であっても、受託者が交付するインボイス（2,000）の保存が必要となります。

4　受託者の処理

　原則として手数料収入2,000を売上計上することになりますが、受託商品が課税資産であることを条件に、売上高

10,000 と仕入高 8,000 を両建計上する方法（総額処理）も認められます。この場合における委託者への支払金額 8,000 について、インボイスを保存する必要はありません。

5　媒介者交付特例における精算書の取扱い

　媒介者交付特例の適用を受ける場合において、受託者から交付された精算金等に税率ごとの消費税額等が記載されている場合には、適格請求書等積上方式により売上税額を計算することができます（インボイスQ＆A問122）。

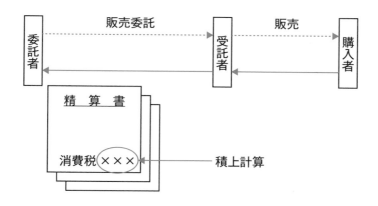

＜媒介者交付特例の要件＞
①　委託者と受託者のいずれもが適格請求書発行事業者であること
②　書面又は契約書などにより、委託者が適格請求書発行事業者である旨を受託者に通知すること
※媒介者交付特例の詳細については **Q58** を参照してください。

Column

にわかドーナツクラブ（カナダ）

　カナダでは持ち帰り用の食料品は 0％税率が適用され、外食は 5％の国税（GST）が課税されます。「外食」の定義は定かではありませんが、財務省の説明資料などを読むと、その場で食べるものは外食として GST が課税されるようです。では、その場で食べるか持ち帰るかということは何を基準に判断するのか？　ということですが、カナダではドーナツを販売するときに、お買上げが 5 個以下の場合には 5％の GST が課税されます。6 個以上お買上げの場合には「さすがにその場で 6 個は食べられないだろう」ということなのでしょうか……食料品の「お持ち帰り」として 0％税率の適用になるそうです。

　カナダでは、節税対策？として、赤の他人がお金を出し合い、共同でドーナツを購入するとのこと…。ドーナツを 3 個だけ欲しいときに、1 人で買ったら GST が 5％課税されます。これを 2 人で 3 個ずつ買えば、ドーナツの購入数量は 6 個以上になり、GST はゼロになります。このような庶民が開発したシステム？のことを「にわかドーナツクラブ」と呼ぶそうです。

第8章

登録の取消しは
どうする？

納税義務と
インボイスの関係

Q82

適格請求書発行事業者の基準期間における課税売上高が 1,000 万円以下になった場合には、納税義務が免除されることにより、インボイスを発行することもできなくなるのでしょうか？

A 適格請求書発行事業者は、「適格請求書発行事業者の登録の取消しを求める旨の届出書」を提出しない限り、納税義務は免除されません（消法 9 ①）。

したがって、基準期間における課税売上高が 1,000 万円以下になった場合でも、課税事業者として申告義務があるとともに、インボイスを発行することができます。

インボイスの登録をして適格請求書発行事業者になるということは、課税事業者を選択することと何ら変わるものではありません。したがって、取引の都合上インボイスの登録をしたような小規模事業者は、取引先や事業形態の変更などによりインボイスの発行が必要なくなった場合には、「適格請求書発行事業者の登録の取消しを求める旨の届出書」の提出を忘れないようにしてください。

2 登録の取消し①

Q83

Q82 に関連して質問します。「課税事業者選択届出書」を提出し、課税事業者となった上で「適格請求書発行事業者の登録申請書」を提出している事業者は、「適格請求書発行事業者の登録の取消しを求める旨の届出書」（登録取消届出書）を提出することにより、免税事業者になることができますか？

A 「課税事業者選択届出書」を提出した事業者は、「登録取消届出書」を提出した場合であっても、<u>「課税事業者選択不適用届出書」を提出しない限り、免税事業者になることはできません</u>。また、「課税事業者選択不適用届出書」を提出した場合であっても、登録の効力が失効しない限り、免税事業者になることはできないのでご注意ください（消基通 1 － 4 － 1 の 2）。

つまり、「課税事業者選択届出書」と「適格請求書発行事業者の登録申請書」を提出している事業者は、事実上「ダブルロック」された状態になっていますので、免税事業者になろうとする場合には、「課税事業者選択不適用届

出書」と「登録取消届出書」のどちらも提出しないと免税事業者になることはできないことになるのです。

なお、令和5年10月1日から令和11年9月30日の属する課税期間中に登録を受けた免税事業者は、「課税事業者選択届出書」を提出しなくても適格請求書発行事業者になることができますので、「登録取消届出書」を提出すれば、「課税事業者選択不適用届出書」を提出しなくとも免税事業者になることができます（**Q18**参照）。

第3号様式

適格請求書発行事業者の登録の取消しを求める旨の届出書

収受印			
令和　年　月　日	届　出　者	（フリガナ）	（〒　　－　　）
		納　税　地	（電話番号　　　－　　　－　　　）
		（フリガナ）	
		氏　名　又　は 名　称　及　び 代　表　者　氏　名	
		法　人　番　号	※　個人の方は個人番号の記載は不要です。
税務署長殿		登　録　番　号　T	

　下記のとおり、適格請求書発行事業者の登録の取消しを求めますので、消費税法第57条の2第10項第1号の規定により届出します。

登録の効力を失う日	令和　　　年　　　月　　　日
	※　登録の効力を失う日は、届出書を提出した日の属する課税期間の翌課税期間の初日となります。 ただし、この届出書を翌課税期間の初日から起算して15日前の日を過ぎて提出した場合には、翌々課税期間の初日に効力を失うこととなります。 登録の効力を失った旨及びその年月日は、国税庁ホームページで公表されます。
適格請求書発行事業者 の登録を受けた日	令和　　　年　　　月　　　日
参　考　事　項	
税　理　士　署　名	

> 届出書の提出が翌課税期間の初日から起算して15日前の日後となった場合、効力の失効は翌々課税期間からとなります。
> （例）9月決算法人が、基準期間における課税売上高が1,000万円以下となったことにより、9月17日以後に「登録取消届出書」を提出しても、その翌課税期間から免税事業者になることはできません。

※税務署処理欄	整理番号				入力処理	年　月　日	番号確認	
	届出年月日	年　月　日						

注意　1　記載要領等に留意の上、記載してください。
　　　2　税務署処理欄は、記載しないでください。

第2号様式

消費税課税事業者選択不適用届出書

収受印			
令和　年　月　日 ＿＿＿＿＿税務署長殿	届 出 者	（フリガナ） 納　税　地	（〒　　－　　） （電話番号　　－　　－　　）
		（フリガナ） 氏名又は 名称及び 代表者氏名	
		個人番号 又は 法人番号	↓ 個人番号の記載に当たっては、左端を空欄とし、ここから記載してください。

　下記のとおり、課税事業者を選択することをやめたいので、消費税法第9条第5項の規定により届出します。

①	この届出の適用 開始課税期間	自〇平成〇令和　年　月　日　至〇平成〇令和　年　月　日
②	①の基準期間	自〇平成〇令和　年　月　日　至〇平成〇令和　年　月　日
③	②の課税売上高	円

※ この届出書を提出した場合であっても、特定期間（原則として、①の課税期間の前年の1月1日（法人の場合は前事業年度開始の日）から6か月間）の課税売上高が1千万円を超える場合には、①の課税期間の納税義務は免除されないこととなります。詳しくは、裏面をご覧ください。

課税事業者となった日	〇平成〇令和　年　月　日
事業を廃止した場合の廃止した日	〇平成〇令和　年　月　日
提出要件の確認	課税事業者となった日から2年を経過する日までの間に開始した各課税期間中に調整対象固定資産の課税仕入れ等を行っていない。　はい □ ※ この届出書を提出した課税期間が、課税事業者となった日から2年を経過する日までに開始した各課税期間である場合、この届出書提出後、届出を行った課税期間中に調整対象固定資産の課税仕入れ等を行うと、原則としてこの届出書の提出はなかったものとみなされます。詳しくは、裏面をご確認ください。
参　考　事　項	
税　理　士　署　名	（電話番号　　－　　－　　）

※税務署処理欄	整理番号		部門番号			
	届出年月日	年　月　日	入力処理	年　月　日	台帳整理	年　月　日
	通信日付印　確認 年　月　日		番号確認	身元確認 □済 □未済	確認書類	個人番号カード／通知カード・運転免許証 その他（　　　）

注意　1．裏面の記載要領等に留意の上、記載してください。
　　　2．税務署処理欄は、記載しないでください。

198

第1号様式

消費税課税事業者選択届出書

（収受印）

令和　年　月　日 届 出 者 ＿＿＿＿税務署長殿	（フリガナ） 納　税　地	（〒　　－　　）
		（電話番号　　　－　　　－　　　）
	（フリガナ） 住所又は居所 （法人の場合） 本店又は 主たる事務所 の所在地	（〒　　－　　）
		（電話番号　　　－　　　－　　　）
	（フリガナ） 名称（屋号）	
	個人番号 又は 法人番号	↓ 個人番号の記載に当たっては、左端を空欄とし、ここから記載してください。
	（フリガナ） 氏　名 （法人の場合） 代表者氏名	
	（フリガナ） （法人の場合） 代表者住所	（電話番号　　　－　　　－　　　）

　下記のとおり、納税義務の免除の規定の適用を受けないことについて、消費税法第9条第4項の規定により届出します。

適用開始課税期間	自 ○平成 ○令和　年　月　日　至 ○平成 ○令和　年　月　日		
上記期間の 基　準　期　間	自 ○平成 ○令和　年　月　日	左記期間の 総売上高	円
	至 ○平成 ○令和　年　月　日	左記期間の 課税売上高	円
事業内容等	生年月日（個人）又は設立年月日（法人）	1明治・2大正・3昭和・4平成・5令和 ○ ○ ○ ○ ○　年　月　日	法人のみ記載	事業年度	自　月　日 至　月　日
				資本金	円
	事業内容		届出区分	事業開始・設立・相続・合併・分割・特別会計・その他 ○ ○ ○ ○ ○ ○ ○	
参考事項		税理士署名	（電話番号　　　－　　　－　　　）	

※税務署処理欄	整理番号		部門番号			
	届出年月日	年　月　日	入力処理	年　月　日	台帳整理	年　月　日
	通信日付印 年　月　日	確認	番号確認	身元確認	□済 □未済	確認書類 個人番号カード／通知カード・運転免許証 その他（　）

注意　1．裏面の記載要領等に留意の上、記載してください。
　　　2．税務署処理欄は、記載しないでください。

登録の取消し②

Q84

基準期間における課税売上高が 1,000 万円以下に
なった適格請求書発行事業者が免税事業者になる場合
の手続きについて教えてください。

A 適格請求書発行事業者が免税事業者になるために
は、「登録取消届出書」を税務署長に提出する必
要があります。

適格請求書発行事業者が翌年又は翌事業年度から登録を
取りやめようとする場合には、その課税期間の初日から起
算して 15 日前の日までに登録取消届出書を提出しなけれ
ばなりません（消法 57 の 2 ⑩一、消令 70 の 5 ③）。

「適格請求書発行事業者の登録申請書」の場合には、た
とえ課税期間の中途であっても登録がされた日から適格請
求書発行事業者としてインボイスを発行することができ
ます。これに対し、「登録取消届出書」を提出した場合に
は、課税期間サイクルでインボイスの効力が失効すること
となりますので注意が必要です。

〔具体例〕

	翌年（翌事業年度）から登録を取り消す場合の 登録取消届出書の提出期限
個人事業者	当年の 12 月 17 日
3 月決算法人	当事業年度の 3 月 17 日
9 月決算法人	当事業年度の 9 月 16 日

（注） 上記の提出期限が土日祝日などであったとしても、提出期限はその翌日に延長されませんのでご注意ください（インボイス Q ＆ A 問 13）。

●翌課税期間の初日から起算して 15 日前の日までに届出書を提出した場合

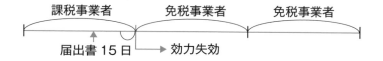

●翌課税期間の初日から起算して 15 日前の日以後に届出書を提出した場合

4 登録の取下げ

Q85

登録申請をした後でインボイスの登録をやめたい場合には、取下書又は登録取消届出書を提出する必要があるとのことですが、手続きをするタイミングにより提出する書類が異なってくるのでしょうか？

A 令和5年10月1日以後にインボイスの登録をする場合には、下記のように取り扱うこととされているようです（インボイス制度において事業者が注意すべき事例集　国税庁（令和5年7月31日）1頁）。

1 登録日までに登録を取り下げたい場合

登録申請書を提出してから登録日までに登録を取り下げたい場合には、「登録取消届出書」ではなく、「取下書」の提出により登録申請を取り下げることとされています。

なお、取下書の書式は定められていませんので、「簡易課税制度選択届出書」の取下げと同様に、申請書の様式名（表題）、提出方法（書面又はe-Tax）、申請者の氏名・名称、納税地、申請書を取り下げる旨の記載をし、署名をし

て所轄税務署（インボイス登録センター）に提出すればよ
いものと思われます。

　（注）　「簡易課税制度選択届出書」の取下げについては
　　　　Q16 をご参照ください。

2　登録日以後に登録を取りやめる場合

　登録が下りた後から取下げはできないので、「登録取消
届出書」を提出する必要があります。

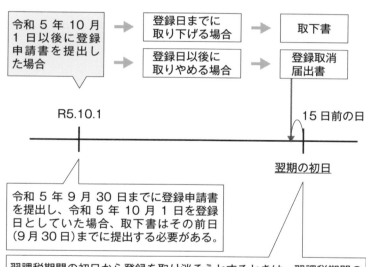

　（注）　インボイス制度において事業者が注意すべき事例集・国税庁
　　　　　作成資料1頁を基に作成。

5 被相続人が 登録取消届出書を 提出後に死亡した場合

Q86

　適格請求書発行事業者が死亡した場合には、みなし登録期間中は、事業を承継した相続人を適格請求書発行事業者とみなし、被相続人の登録番号を相続人の登録番号とみなすこととされています（消法57の3③・④）。

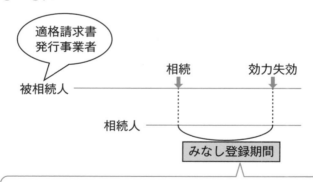

適格請求書
発行事業者

　　　　　　　　　　　相続　　　　　効力失効

被相続人 ─────────↓───────↓───────

相続人 　─────────────────────

　　　　　　　　　　みなし登録期間

相続があった日の翌日〜①と②のいずれか早い日までの期間
①　相続人が登録を受けた日の前日
②　被相続人の死亡日の翌日から4か月を経過する日

　では、被相続人が登録取消届出書を提出後に死亡した場合には、相続人はどのように取り扱われることになるのでしょうか？

A みなし登録期間中は、相続人を適格請求書発行事業者とみなし、被相続人の登録番号を相続人の登録番号とみなします（消令 70 の 7）。

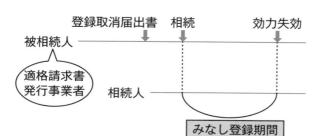

相続があった日の翌日〜「①〜③」のいずれか早い日までの期間
① 相続人が登録を受けた日の前日
② 被相続人の死亡日の翌日から 4 か月を経過する日
③ 登録取消届出書による効力失効日の前日

6 登録の拒否・取消し・失効

Q87

登録の拒否や取消しがされることはありますか？
登録が失効する場合についても教えてください。

A 法令違反による罰金処分などがない限り、<u>原則として登録が拒否されることはありません</u>。ただし、<u>法人の代表者が法人とともに罰金処分などを受けたときは、その代表者はしばらくの間は個人事業者としての登録も受けることができません</u>（インボイス Q&A 問 12）。

また、行方不明・廃業・合併による消滅のほか、納税管理人の届出を怠ったり虚偽の申請により登録を受けたこと、罰金処分などを理由に、税務署長の職権で登録が取り消されることがあります（インボイス Q&A 問 16）。

❖ 届出書の提出による登録の効力の失効

適格請求書発行事業者から「**事業廃止届出書**」や「**合併による法人の消滅届出書**」の提出があったときは、登録の効力は失効します（消法 57 の 2 ⑩二・三）。

第6号様式

事　業　廃　止　届　出　書

収受印			

令和　年　月　日	届 出 者	（フリガナ）	
		納　税　地	（〒　　－　　　） （電話番号　　－　　－　　）
		（フリガナ）	
		氏名又は 名称及び 代表者氏名	
＿＿＿＿税務署長殿		個人番号 又は 法人番号	↓ 個人番号の記載に当たっては、左端を空欄とし、ここから記載してください。

　下記のとおり、事業を廃止したので、消費税法第57条第1項第3号の規定により届出します。

事業廃止年月日	令和　　　年　　　月　　　日
納税義務者と なった年月日	平成 令和　　　年　　　月　　　日
参　考　事　項	
税　理　士　署　名	（電話番号　　－　　－　　）

※税務署処理欄	整理番号		部門番号			
	届出年月日	年　月　日	入力処理	年　月　日	台帳整理	年　月　日
	番号確認	身元確認 □済 □未済	確認書類	個人番号カード／通知カード・運転免許証 その他（　　　）		

注意　1．裏面の記載要領等に留意の上、記載してください。
　　　2．税務署処理欄は、記載しないでください。

合 併 に よ る 法 人 の 消 滅 届 出 書

収受印			
令和　年　月　日 ＿＿＿＿税務署長殿	届 出 者	（フリガナ） 納 税 地	（〒　　－　　　） （電話番号　　　－　　　－　　　）
		（フリガナ） 名 称 及 び 代 表 者 氏 名	
		法 人 番 号	

　下記のとおり、合併により法人が消滅したので、消費税法第57条第1項第5号の規定により届出します。

合 併 年 月 日		令和　　　　年　　　　　月　　　　　日
被合併法人	納 税 地	
	名 称	
	代 表 者 氏 名	
合 併 の 形 態		設 立 合 併 ・ 吸 収 合 併
参 考 事 項		
税 理 士 署 名		（電話番号　　　－　　　－　　　）

※税務署処理欄	整理番号		部門番号		番号確認		
	届出年月日	年　月　日	入力処理	年　月　日	台帳整理	年　月　日	

注意　1．裏面の記載要領等に留意の上、記載してください。
　　　2．税務署処理欄は、記載しないでください。

208

第9章

こんなときどうする？よくある疑問と回答

令和5年10月1日前後の取引に係る適用関係

Q88

売り手が出荷基準で売上計上し、当社が検収基準で仕入計上している場合には、令和5年10月1日前に出荷された製品はインボイスが交付されません。当社では仕入税額控除ができないことになるのでしょうか？

A 売り手が令和5年9月30日までに売上計上した取引については、売り手はインボイスの交付義務はありません。ただし、売り手における売上げの計上時期と買い手における仕入れの計上時期が一致しないことにより、買い手が令和5年10月1日以後に課税仕入れを計上する場合には、区分記載請求書等保存方式により仕入控除税額を計算することができます（インボイスQ&A問38）。

R5.10.1

```
               9/30 ┊ 10/3
 ┌─────┐           ┊           ┌─────┐
 │ 売り手 │──────────┊─────────▶ │ 買い手 │
 └─────┘           ┊           └─────┘
 （出荷基準）                      （検収基準）
```

＜実務上の留意点＞

① 令和5年10月1日前でも売り手は登録番号を記載したインボイスを発行することができます。

② 令和5年10月1日にまたがる電気料金などについては、検針日基準により売上げ（仕入れ）を計上することができるので、令和5年10月1日前後の取引を区分する必要はありません。

③ 未成工事支出金及び建設仮勘定に係る課税仕入れについては、目的物の完成が令和5年10月1日以後であったとしても、令和5年10月1日前の課税仕入れについては区分記載請求書等保存方式により仕入控除税額を計算することができます。

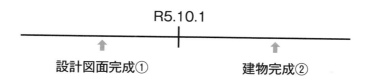

原則	①の図面完成時において、区分記載請求書等保存方式により設計料を仕入控除税額の計算対象とする。
特例	②の建物完成時において、設計料と建築費をまとめて仕入控除税額の計算対象とすることができる。この場合、設計料については区分記載請求書等保存方式を適用することができる（インボイスは必要ない）。

④ 短期前払費用については、インボイスの保存を条件に、支出時に仕入税額控除の対象とすることができま

す。また、支出時にインボイスの交付を受けられな
かったとしても、事後に交付されるインボイスの保存
を条件に、支出額を仕入税額控除の対象とすることが
認められています（インボイスＱ＆Ａ問98）。

　よって、令和5年10月1日前に同日以後の費用を
前払いした場合には、区分記載請求書等保存方式によ
り仕入控除税額を計算することができます。

参　考　短期前払費用（消基通11－3－8）

　事務所家賃などの賃貸借契約では、その月分の賃料を前
月末日までに支払う契約とするのが一般的です。所得税、
法人税の計算では、期末において翌月（翌期）分の家賃を
前払費用として資産に計上せずに、継続して費用処理して
いる場合には、これを認めることとしています。そこで、
消費税の計算においても、所得税、法人税の計算で短期前
払費用として必要経費や損金に計上したものについては、
その支出した日の属する課税期間において仕入税額控除の
対象とすることができることとしたものです。

　この取扱いは、支払日から1年以内に提供を受ける家賃
や事務機器の保守料などについて、その支払額を継続して
その支払日の属する年又は事業年度の経費として処理した
ときに認められます。

前受金に対する
インボイスの
交付時期

Q89

令和5年10月以降に1年分のシステム保守料を前受けする場合、システム会社は1年分の請求書を発行することになりますが、その請求書に登録番号などを記載してインボイスとすることはできますか？

保守料を前払いするユーザー側の取扱いについても教えてください。

A インボイスは売上金を前受けした時点で交付することができます（インボイスQ&A問39）。

また、ユーザー側では保守料を前払いした時点で発行されるインボイスの保存を条件に仕入税額控除ができます。

短期前払費用については **Q88** の 参 考 をご参照ください。

3 賃貸借処理した場合の所有権移転外ファイナンス・リース

Q90

所有権移転外ファイナンス・リース取引については、物件の引渡し時にインボイスが発行されるものと思われますが、賃借人が分割控除により仕入控除税額を計算する場合でも仕入税額控除はできますか？

A

1 一括控除と分割控除

賃借人は、リース資産の取得時にリース料の総額を仕入税額控除の対象とすることが原則とされています（消基通5－1－9(1)（注）、11－3－2（注））。

ただし、所得税、法人税では、リース資産を減価償却資産として認識せずに、支払リース料を賃借料として経費（損金）処理することが例外的に認められていることから、**賃借人は、下記のいずれかの方法により課税仕入れを認識することもできます**（国税庁質疑応答事例－仕入税額控除（課税仕入れの範囲）20 より）。

　なお、リース物件を資産計上し、減価償却する場合には、分割控除は認めないこととされているのでご注意ください。

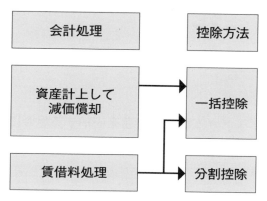

2　インボイスの保存義務

　リース物件に係るインボイスは、賃貸人（譲渡人）から賃借人（譲受人）にリース物件が引き渡される際に発行され、賃借人の経理処理に関係なく、リース料の総額が計上されることになります。よって、<u>賃借人（譲受人）は、物件取得時に交付されたインボイスを保存することにより、一括控除と分割控除のいずれかの方法で仕入控除税額を計算することができます</u>。

　また、令和5年10月1日前に物件の引渡しを受け、同日後も引き続き分割控除の適用を受ける場合には、区分記載請求書等保存方式によることが認められることから、改めてインボイスの交付を受ける必要はありません（インボイスQ＆A問99）。

家事共用資産の売却

個人事業者が家事共用資産を売却する場合に交付するインボイスはどのように作成したらよいですか？

A 　個人事業者が家事共用資産を譲渡する場合には、事業用部分を合理的に区分した上で、事業用部分の取引金額をもとにインボイスに記載すべき金額等を計算することとなります（消基通 1 － 8 － 6）。

〔計算例〕

　事業共用割合が 90％の中古車両を 20 万円で売却する場合には、適格請求書に記載すべき金額は次のように計算します。

　200,000 円× 90％ = 180,000 円

　180,000 円× 10／110 ≒ 16,363 円

　この場合に発行するインボイスとしては、次頁のようなひな型が想定されます。

領収書

㈱○○御中　　　　　　　　　　　　　　　　　○年○月○日

　　××下取価額

　　（内訳）

　　　　家事使用分　　20,000 円

　　　　10％対象　　　180,000 円（うち消費税 16,363 円）

　　　　　　　　　　　200,000 円

　△△税理士事務所　　　　　　　登録番号 T － ×××××

　ところで、古物商（中古車買取業者など）が適格請求書発行事業者でない他の者から買い受けた販売用の古物（中古自動車）については、帳簿の保存のみにより、仕入税額控除を認めることとしています（**Q68** の③参照）。本問のケースでは、適格請求書発行事業者として課税資産を譲渡しますので、この取扱いはありません。結果、中古車買取業者は、下取先が適格請求書発行事業者かどうかを買取りの都度確認しなければいけないことになるのでしょうか？

　また、上記の「領収書」における家事使用分については、仕入税額控除はできないことになるのでしょうか？中古資産を売却するような場合には、要求されなければインボイスを発行しないこともあろうかと思われますので、現実の実務においては、適格請求書発行事業者かどうかに関係なく、仕入税額控除を認めるような取扱いが必要ではないかと思われます。

家事共用資産の取得

Q92

個人事業者が家事共用資産を取得した場合の仕入控除税額の計算はどうなりますか？

A 個人事業者が家事共用資産を取得した場合には、使用率、使用面積割合等の合理的な基準により消費税額又は課税仕入高を区分した上で、事業用部分だけが仕入控除税額の計算に取り込まれることとなります（消基通11－1－4）。

〔計算例〕

車両を220万円（うち消費税20万円）で取得した場合の課税仕入れ等の税額は次のように計算します（事業専用割合90％）。

積上計算	200,000円× 90％＝ 180,000円
割戻計算	2,200,000円× 90％× 10／110 ＝ 180,000円

6 共有物の取扱い

Q93

　夫婦での共有物件を店舗として賃貸しています。私の年間家賃収入は、他の物件も含めると 1,000 万円を超えるので、私は適格請求書発行事業者の登録申請を予定しています。妻の所有する賃貸物件はこの共有物件だけであり、年間の家賃収入は 1,000 万円未満であることから、妻は適格請求書発行事業者の登録申請はしないつもりです。私の発行する適格請求書はどのように作成したらよいでしょうか？

A　適格請求書発行事業者でない共同所有者とともに共有物の譲渡又は貸付けを行う場合には、対価の額を持分割合などで合理的に区分した上で、適格請求書発行事業者はインボイスを発行する必要があります（消基通1－8－7、インボイスＱ＆Ａ問52）。よって、共同所有者がまとめて決済するよりも、所有者ごとの書類を準備して決済した方が分かりやすいです。あるいは、妻にも適格請求書発行事業者の登録申請をさせた上で、2割特例又は簡易課税制度の適用を検討してみるのもよいでしょう。

7 ごみ処理券等を売買した場合のインボイス

コンビニなどで売買するごみ処理券等の取扱いについて教えてください。

A 指定ごみ袋や粗大ごみの処理券については、原則として各自治体が定める条例等の内容に応じて対応を検討することになります（インボイス Q&A 問 53）。

1 売り手側の取扱い

ごみ処理券等の販売により収受する金銭は、ごみ処理手数料を各自治体に代わって収受するものなので、<u>その販売が非課税取引や不課税取引</u>となるものであっても、<u>媒介者交付特例を活用して顧客にインボイスを交付することができます</u>。

この場合におけるインボイスの写しについては、自治体に交付する納入通知書等に代えることも認められます。

媒介者交付特例を活用してインボイスを交付する場合でも、売り手側は課税売上高を計上する必要はありません。収受した金銭を預り金として処理することや、物品切手の

売買であれば非課税売上高を計上することができます。

（注）　媒介者交付特例については **Q58** をご参照ください。また、レシートへの表示方法については **Q52** の「たばこ」の表示方法を参考にしてください。

2　買い手側の取扱い

　業務用のごみ処理券等を購入した事業者は、<u>継続適用を条件に、購入日の属する課税期間で仕入控除税額の計算に取り込むことができます</u>。

8 立替金の取扱い

Q95

立替金を精算した場合には、受領するインボイスには立替払をした取引先の名称が記載されており、当社の名称が記載されていませんので、仕入税額控除はできないことになるのでしょうか？

A 他の者が立替払をした経費などの精算については、<u>他の者が受領したインボイスのコピーとともに、立替金精算書等の書類の保存を要件に仕入税額控除を認めることとしています</u>。

立替金精算書等には、その経費が適格請求書発行事業者からのものであることを確認できるようにする必要がありますが、他の者（立替者）が適格請求書発行事業者であるかどうかは問いません（消基通11 - 6 - 2、インボイスQ＆A問94）。

また、インボイスのコピーが大量になるなど、事務的な諸事情がある場合には、コピーの保存を省略して立替金精算書等の書類の保存だけでよいこととされています。

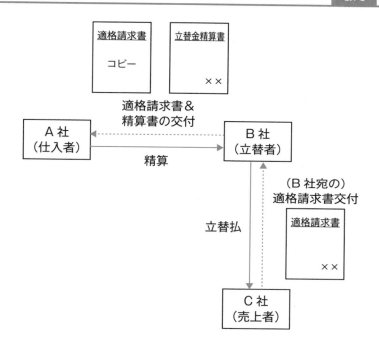

立替金

口座振替（振込）家賃の取扱い

Q96

毎月銀行口座に振込になる家賃についても、毎月店子にインボイスを交付しなければならないのでしょうか？

A 口座振替や振込より決済される家賃や税理士報酬等については、<u>登録番号などの必要事項が記載された契約書とともに日付と金額が印字された通帳を保存することにより、インボイスの発行を省略することができます。</u>

また、登録番号などの必要事項が記載されていない令和5年9月30日以前の契約書については、登録番号などの不足している情報を記載した書類を作成して保存することも認められます。

なお、請求書等が発行されない不動産の賃貸借取引などについては、中途で貸主が適格請求書発行事業者でなくなることも想定されますので、「適格請求書発行事業者公表サイト」で貸主の状況を確認した上で仕入控除税額の計算をする必要があります（インボイスQ&A問95）。

インボイスの記載事項については、次頁のように契約書

と通帳により確認することになりますので、必要に応じて契約書の巻き直しをする必要がありそうです。あるいは、必要事項を記載した書類を交付してもよいでしょう。

インボイスの記載事項	記載書類
①　適格請求書発行事業者の氏名又は名称	契約書
②　登録番号	契約書
③　取引年月日	通帳
④　取引内容	契約書
⑤　税率区分ごとに合計した取引金額	通帳
⑥　⑤に対する消費税額等及び適用税率	契約書
⑦　請求書等受領者の氏名又は名称	契約書

（注）　不動産の賃貸借契約書では、契約家賃の額を「1か月××円（消費税別途）」と記載しているものをよく見かけますが、この記載方法では法定要件をクリアしたことにはなりません。上記⑥の適用税率と消費税額の記載が要件となりますので、新たに契約書を作成する場合はもとより、追加書類を作成する場合にも記載漏れがないように注意する必要があります。

10 集金代行

当社は不動産管理会社です。家主との契約により、賃借人の入退室管理やクレーム処理、集金代行業務などを請け負っています。賃借人には家主に代わって家賃の明細や修繕費、立替金などを記載した精算書を送付していますが、賃借人は、当社が作成した精算書をインボイスとして利用することはできますか？

A **Q58**で解説した「媒介者交付特例」は、商品などの販売委託だけでなく、請求書の発行事務や集金事務といった商品の販売等に付随する行為のみを委託している場合も対象となります（インボイスQ&A問48）。

よって、御社と賃貸人が適格請求書発行事業者であることを条件に、<u>御社は賃借人から家賃を集金代行する際に、管理会社（御社）の名称でインボイスを発行することができます</u>。

また、賃貸人の名称でインボイスを代理交付することもできます。

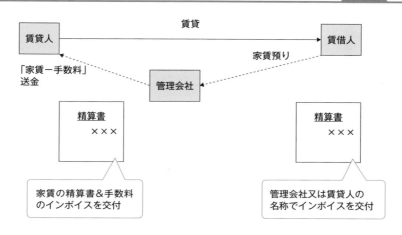

管理会社　　　　　賃借人

11 ネット販売

Q98

　当社はインターネットを利用して商品の受託販売をしていますが、委託者である出品者は、インボイスの登録事業者のほか、消費者などの非登録事業者も多数存在します。媒介者交付特例は、委託者と受託者の双方が登録事業者であることが条件とされていますので、当社のような取引形態の場合には、媒介者交付特例を適用することはできないことになるのでしょうか？

A　インボイス Q&A 問 49 には、「委託者に適格請求書発行事業者とそれ以外の者が混在していたとしても、適格請求書発行事業者とそれ以外の者とに区分することにより、適格請求書発行事業者に係るもののみを適格請求書とすることができます」との一文が追記されています。よって、<u>閲覧画面の表示を工夫するなどして、インボイスの発行ができる商品と発行できない商品を区分することは可能</u>ではないかと思われます。

こちらの商品はインボイスが発行されませんので、ご注意ください!!

¥1,500

¥28,000

¥2,000

¥3,200

カートに入れる

☕ ちょっと一息

　アマゾンジャパンはインボイス制度に販売事業者が対応できるよう、出品管理画面のセラーセントラルに「適格請求書発行事業者の登録番号」を入力できるようにしたとのことです（2022年10月28日配信のヤフーニュースより）。

　インボイス制度の施行後は、Amazonが販売事業者に代わって販売事業者の「適格請求書」を発行（代理交付）することから、販売事業者は適格請求書発行に関する手間を軽減できることになりそうです。

12 外貨建取引の取扱い

Q99

当社は米ドル建てによる取引を行っており、法人税の法令に基づき円換算した売上高を計上していますが、適格請求書に外国語や外貨を表記することはできますか？ 適格請求書に記載する消費税額等の計算方法についても教えてください。

A 外貨建取引における適格請求書の記載事項については、<u>外国語や外貨により記載することもできますが、「税率の異なるごとに区分した消費税額等」については日本円により表記</u>しなければなりません。

外貨建取引における消費税額等の計算方法は、右表①〜④のいずれかの方法によることになりますが、合理的な方法であればインボイス発行日や決済日の換算レートによることもできます（インボイス Q&A 問68）。

なお、法人税における外貨建債権の換算方法は、原則として取引日における電信売相場（TTS）と電信買相場（TTB）の中値（TTM）によることとされています（法法61の8①、61の9①一イ、法基通13の2−1−2）。

番号	消費税額等の計算方法	端数処理
①	税抜売上高（外貨）を円換算してから税率を乗じる方法	・外貨建の売上高を円換算する際の端数処理は事業者の任意とされている。
②	税込売上高（外貨）を円換算してから10／110（8／108）を乗じる方法	・円換算後の売上高から消費税額等を算出し、1円未満の端数を処理する。
③	税抜売上高（外貨）に税率を乗じてから円換算する方法	・外貨建の売上高から消費税額等を算出する際に端数処理することはできない。
④	税込売上高（外貨）に10／110（8／108）を乗じてから円換算する方法	・外貨建の消費税額等を円換算してから1円未満の端数を処理する。

●外貨建取引における適格請求書の記載例

（TTM：149.58 円）

Description	Taxable amount	Tax amount	JPY Tax Amount
Beef＊	$189	$15.12	—
Wood chopsticks	$23	$2.3	—
Fish＊	$150	$12	—
Spoon	$31	$3.1	—
Reduced tax rate（8%）	$339	$27.12	¥4,056
Standard tax rate（10%）	$54	$5.4	¥807

×TTM　×適用税率

Reduced tax rate（8%）
$339 × 149.58 = 50,707.62 → 50,707 円（税率ごとに区分した対価の額【円換算後】）
50,707 円× 8%= 4,056.56 → 4,056 円（消費税額等）

Standard tax rate（10%）
$54 × 149.58 = 8,077.32 → 8,077 円（税率ごとに区分した対価の額【円換算後】）
8,077 円× 10%= 807.7 → 807 円（消費税額等）

※　外貨建ての Tax amount は、インボイスの記載事項として求められるものではなく、参考として記載するものとなる。

13 会計処理と インボイスの関係①

Q100

当社では消費税に関する会計処理として税抜経理方式を採用していますが、免税事業者からの課税仕入れについて、仮払消費税等を計上することはできますか？

A 課税取引について、その取引金額を税抜価額と消費税額等に区分し、売上げに係る消費税額等は「**仮受消費税等**」、仕入れに係る消費税額等は「**仮払消費税等**」として別建で記帳する方法を「**税抜経理方式**」といいます。

免税事業者はインボイスを発行することができませんので、免税事業者からの課税仕入れについては、原則として仕入税額控除はできません。結果、<u>仮払消費税等を計上することもできないことになります</u>（新経理通達 14 の 2）。

したがって、免税事業者から減価償却資産を取得した場合には、取得価額の全額をもとに減価償却費を計算することになります。

会計処理と インボイスの関係②

Q101

Q100 に関連して質問します。Q10 の解説によると、免税事業者からの課税仕入れであっても、経過措置として、税額の 80%（50%）を仕入控除税額の計算に取り込むことができますが、この場合の処理はどうなりますか？

A 仮払消費税等の金額と減価償却資産の取得価額は下記〔具体例〕のようになります（新経理通達3の2－経過的取扱い(2)）。

〔具体例〕 免税事業者から備品を 110 万円で購入した場合

減価償却資産の取得期間	仮払消費税等の金額	減価償却資産の取得価額
令和5年10月1日 〜 令和8年9月30日	110万円×10／110 ＝10万円 10万円×80% ＝8万円	110万円－8万円 ＝102万円
令和8年10月1日 〜 令和11年9月30日	110万円×10／110 ＝10万円 10万円×50% ＝5万円	110万円－5万円 ＝105万円
令和11年10月1日 〜	ゼロ	110万円

15 控除対象外消費税額等の処理方法

Q102

税抜経理方式を採用した場合に計上する仮払消費税等と仮受消費税等は、決算修正で消却し、貸借の差額を雑損失又は雑収入として処理することになります。

（仮受消費税等）×× 　　（仮払消費税等）××

　　　　　　　　　　　　（未払消費税等）××

この場合において、仮払消費税等のうち、控除対象外消費税額等に該当する部分については特別な経理が必要とのことですが、この「控除対象外消費税額等」の処理方法について説明してください。

A 税抜方式を採用した場合において、控除できずに残ってしまった仮払消費税等のことを「**控除対象外消費税額等**」といいます。例えば、課税売上割合が60％で、一括比例配分方式を採用

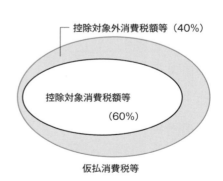

控除対象外消費税額等（40％）

控除対象消費税額等
（60％）

仮払消費税等

234

した場合には、仮払消費税等のうち、控除できずに残ってしまった40%相当額が控除対象外消費税額等になります。

　控除対象外消費税額等のうち、下記①～③に該当するものについては、支出時に費用処理することができます。

①　課税売上割合が80%以上の場合

②　個々の資産に対する控除対象外消費税額等の金額が20万円未満のもの

③　棚卸資産に関する控除対象外消費税額等

　控除対象外消費税額等について注意を要するのは、固定資産を購入した年又は事業年度における課税売上割合が80%未満で、かつ、その固定資産に係る控除対象外消費税額等が20万円以上の場合です。この場合には、その控除対象外消費税額等については、次のいずれかの方法により処理することとされています（所令182の2、法令139の4）。

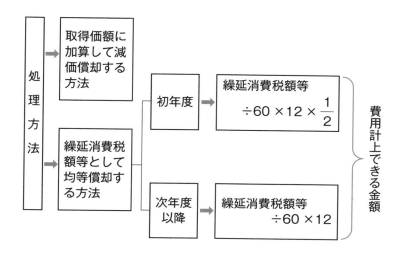

　新経理通達 Q&A の 6 頁では、「法人の会計においては、消費税等の影響を損益計算から排除する目的や、そもそも会計ソフトがインボイス制度に対応していないなどの理由で、適格請求書発行事業者以外の者からの課税仕入れについて仮払消費税等を計上することが考えられます」とした上で、会計上、インボイス制度導入前の金額で仮払消費税等を計上した場合の法人税の取扱いを下記のように整理して、呆れるほど詳細に解説しています。

課税仕入れを行った期間	法人税の取扱い（別表による調整金額）	Q&A の問の番号
令和 5 年 10 月 1 日 〜 令和 8 年 9 月 30 日	免税事業者から減価償却資産を取得した場合	問 8
令和 8 年 10 月 1 日 〜 令和 11 年 9 月 30 日	免税事業者から減価償却資産を取得した場合	問 9
令和 11 年 10 月 1 日 〜	免税事業者から減価償却資産を取得した場合	問 5
	免税事業者から棚卸資産を取得した場合	問 6
	免税事業者に経費等を支出した場合	問 7

　この新経理通達 Q&A の【解説】はいささか難解であることから、著者がアレンジして各問ごとに【説明】を加えることとします。ただ、私見ではありますが、下記の各問

のような複雑な別表調整をするくらいなら、決算修正仕訳で税務上の適正額に修正してから法人税の申告書の作成作業に移行することを検討すべきではないでしょうか？

❖ 令和5年10月1日〜令和8年9月30日期間中に免税事業者から減価償却資産を取得した場合の取扱い

問8　当社（9月決算法人、金融業）は、インボイス制度導入後である令和5年10月1日に免税事業者から国内にある店舗用の建物を取得し、その対価として1,320万円を支払いました。当社は税抜経理方式で経理しており、本件取引について支払対価の額の110分の10相当額を仮払消費税等の額として経理しました。また、当社の消費税の課税期間は事業年度と一致しており、当該課税期間の課税売上割合は50％で、仕入税額控除の計算は一括比例配分方式を適用しているところ、当該事業年度において仮払消費税等の額として経理した金額は本件取引に係る120万円のみで、このほか仮受消費税等の額として経理した金額が120万円ありました。決算時において、納付すべき消費税等の額が72万円算出されたため、仮受消費税等の額から仮払消費税等の額を控除した金額との間に差額が72万円生じることとなり、その差額を雑損失として計上しました。この場合の課税仕入れに係る法人税の取扱いはどうなりますか。

　なお、この建物は取得後直ちに事業の用に供しており、耐用年数20年で定額法により減価償却費を算出しています。

〔取得時〕

（借方）建　　　　物　12,000,000 円　（貸方）現　　　　　金　13,200,000 円

　　　　仮払消費税等　1,200,000 円

〔決算時〕

（借方）減 価 償 却 費　600,000 円　（貸方）建　　　　物　600,000 円

　　　　仮受消費税等　1,200,000 円　　　　仮払消費税等　1,200,000 円

　　　　雑　　損　　失　720,000 円　　　　未払消費税等　720,000 円

【回答】

　以下のような申告調整を行います。

・別表四　所得の金額の計算に関する明細書

区　　分		総　　額	処　　分	
			留　保	社外流出
加算	減価償却の償却超過額	228,000 円	228,000 円	
	控除対象外消費税額等の損金算入限度超過額	432,000 円	432,000 円	

・別表五㈠　利益積立金額及び資本金等の額の計算に関する明細書

I　利益積立金額の計算に関する明細書				
区　　分	期首現在利益積立金額	当期の増減		差引翌期首現在利益積立金額
		減	増	
建物減価償却超過額			228,000 円	228,000 円
繰延消費税額等			432,000 円	432,000 円

【説明】

1　決算修正で税務上の適正額に修正するケース

○決算修正により建物の帳簿価額を税務上の適正額に修正すると 12,240,000 円（12,000,000 円 + 240,000 円）、仮払消費税等の金額は 960,000 円（1,200,000 円 - 240,000 円）になります。

（建　　　　物）240,000　　　（仮払消費税等）240,000

　　　　1,200,000 ×（1 - 80％）= 240,000

12,240,000 円 × 0.05 ＝ 612,000 円……建物の償却限度額

（減価償却費）612,000　　（建　　　　物）612,000

○繰延消費税額等の金額は 480,000 円、償却限度額は 48,000 円となり、仮払消費税等の残額は 480,000 円（960,000 円 − 480,000 円）になります。

1,200,000 円 × 80％ ×（1 − **50％**）＝ 480,000 円…建物に係る控除対象外消費税額等の金額

↑
課税売上割合

480,000 円 ÷ 60 × 12 × 1／2 ＝ 48,000 円…繰延消費税額等の償却限度額

（繰延消費税額等）	480,000	（仮払消費税等）	480,000
（繰延消費税等償却額）	48,000	（繰延消費税額等）	48,000
（仮受消費税等）	1,200,000	（仮払消費税等）	480,000
		（未払消費税等）	720,000

2　法人税法別表四・五㈠により調整するケース（問8の回答）

○仮払消費税等を経由して雑損失に振り替えられた仮払消費税等の金額 240,000 円は、償却費として損金経理をした金額に含まれることとなる（新経理通達3の2（1）の（注））ので、減価償却の償却超過額は 228,000 円となります。

（600,000 円 ＋ 240,000 円）− 612,000 円（建物の償却限度額）

＝ 228,000

○雑損失として損金経理した 720,000 円から建物の減価
　償却費となる 240,000 円を差し引いた残額（480,000 円）
　が、繰延消費税額等の損金算入額となるので、繰延消費
　税額等の償却超過額は 432,000 円となります。

　480,000 円 － 48,000 円（繰延消費税額等の償却限度額）

　　＝ 432,000 円

❖令和８年10月１日〜令和11年９月30日期間中に免税事業者から減価償却資産を取得した場合の取扱い

> 問９　当社（９月決算法人、金融業）は、インボイス制度導入
> 後である令和８年10月１日に免税事業者から国内にある
> 店舗用の建物を取得し、その対価として1,320万円を支払
> いました。当社は税抜経理方式で経理しており、本件取
> 引について支払対価の額の110分の10相当額を仮払消費
> 税等の額として経理しました。また、当社の消費税の課
> 税期間は事業年度と一致しており、当該課税期間の課税
> 売上割合は50％で、仕入税額控除の計算は一括比例配分
> 方式を適用しているところ、当該事業年度において仮払
> 消費税等の額として経理した金額は本件取引に係る120
> 万円のみで、このほか仮受消費税等の額として経理した
> 金額が120万円ありました。決算時において、納付すべ
> き消費税等の額が90万円算出されたため、仮受消費税等
> の額から仮払消費税等の額を控除した金額との間に差額
> が90万円生じることとなり、その差額を雑損失として計

上しました。この場合の課税仕入れに係る法人税の取扱いはどうなりますか。

　　なお、この建物は取得後直ちに事業の用に供しており、耐用年数20年で定額法により減価償却費を算出しています。

〔取得時〕

(借方) 建　　　　　物　12,000,000 円　(貸方) 現　　　　　金　13,200,000 円
　　　　仮払消費税等　 1,200,000 円

〔決算時〕

(借方) 減 価 償 却 費　　600,000 円　(貸方) 建　　　　　物　　 600,000 円
　　　　仮受消費税等　 1,200,000 円　　　　　仮払消費税等　 1,200,000 円
　　　　雑　　損　　失　　900,000 円　　　　　未払消費税等　　 900,000 円

【回答】

　以下のような申告調整を行います。

・別表四　所得の金額の計算に関する明細書

区　　分		総　　額	処　　分	
			留　　保	社外流出
加算	減価償却の償却超過額	570,000 円	570,000 円	
	控除対象外消費税額等の損金算入限度超過額	270,000 円	270,000 円	

・別表五㈠　利益積立金額及び資本金等の額の計算に関する明細書

I　利益積立金額の計算に関する明細書				
区　　分	期 首 現 在利益積立金額	当期の増減		差引翌期首現在利 益 積 立 金 額
		減	増	
建物減価償却超過額			570,000 円	570,000 円
繰延消費税額等			270,000 円	270,000 円

【説明】

1　決算修正で税務上の適正額に修正するケース

○決算修正により建物の帳簿価額を税務上の適正額に修正
　すると 12,600,000 円（12,000,000 円 + 600,000 円）、仮払
　消費税等の金額は 600,000 円（1,200,000 円 − 600,000 円）
　になります。

　（建　　　物）600,000　　（仮払消費税等）600,000

　1,200,000 ×（1 − 50%）= 600,000

　12,600,000 円 × 0.05 = 630,000 円…建物の償却限度額
　（減価償却費）630,000　　　（建　　　物）630,000

○繰延消費税額等の金額は 300,000 円、償却限度額は
　30,000 円となり、仮払消費税等の残額は 300,000 円
　（600,000 円 − 300,000 円）になります。

　1,200,000 円 × 50% ×（1 − 50%）= 300,000 円…建物に係る控除対象外消費税額等の金額

　課税売上割合

　300,000 円 ÷ 60 × 12 × 1／2 = 30,000 円…繰延消費税額等の償却限度額

　（繰延消費税額等）　　　300,000　　（仮払消費税等）　　　300,000
　（繰延消費税等償却額）　 30,000　　（繰延消費税額等）　　 30,000
　（仮受消費税等）　　　1,200,000　　（仮払消費税等）　　　300,000
　　　　　　　　　　　　　　　　　　（未払消費税等）　　　900,000

242

2　法人税法別表四・五㈠により調整するケース（問９の回答）

○仮払消費税等を経由して雑損失に振り替えられた仮払消費税等の金額 600,000 円は、償却費として損金経理をした金額に含まれることとなる（新経理通達３の２（1）の（注））ので、減価償却の償却超過額は 570,000 円となります。

（600,000 円＋ 600,000 円）－ 630,000 円（建物の償却限度額）＝ 570,000 円

○雑損失として損金経理した 900,000 円から建物の減価償却費となる 600,000 円を差し引いた残額（300,000 円）が、繰延消費税額等の損金算入額となるので、繰延消費税額等の償却超過額は 270,000 円となります。

300,000 円－ 30,000 円（繰延消費税額等の償却限度額）＝ 270,000 円

❖ 令和 11 年 10 月 1 日以後に免税事業者から減価償却資産を取得した場合の取扱い

問５　当社（９月決算法人、飲食業）は、インボイス制度導入後である令和 11 年 10 月 1 日に免税事業者から国内にある店舗用の建物を取得し、その対価として 1,100 万円を支払いました。当社は税抜経理方式で経理しており、本件取引について支払対価の額の 110 分の 10 相当額を仮払消費税等の額として経理し、決算時に雑損失として計上し

ましたが、この場合の課税仕入れに係る法人税の取扱い
はどうなりますか。

　なお、この建物は取得後直ちに事業の用に供してお
り、耐用年数20年で定額法により減価償却費を算出し
ています。

〔取得時〕

(借方)建　　　　物 10,000,000円　(貸方)現　　　　金 11,000,000円
　　　仮払消費税等　1,000,000円

〔決算時〕

(借方)減価償却費　　500,000円　(貸方)建　　　　物　　500,000円
　　　仮受消費税等　1,000,000円　　　　　仮払消費税等　1,000,000円

【回答】

　以下のような申告調整を行います。

・別表四　所得の金額の計算に関する明細書

区　　分		総　　額	処　　分	
			留　保	社外流出
加算	減価償却の償却超過額	950,000円	950,000円	

・別表五㈠　利益積立金額及び資本金等の額の計算に関する明細書

I　利益積立金額の計算に関する明細書				
区　　分	期首現在利益積立金額	当期の増減		差引翌期首現在利益積立金額
		減	増	
建物減価償却超過額			950,000円	950,000円

【説明】

1　決算修正で税務上の適正額に修正するケース

　決算修正により建物の帳簿価額を税務上の適正額に修正
すると 11,000,000円（10,000,000円 + 1,000,000円）になり
ます。

244

（建　　　物）1,000,000　　　（仮払消費税等）1,000,000

11,000,000 円 × 0.05 ＝ 550,000 円…建物の償却限度額

（減価償却費）　550,000　　　（建　　　物）　　550,000

2　法人税法別表四・五㈠により調整するケース（問5の回答）

　仮払消費税等を経由して雑損失に振り替えられた金額1,000,000 円は、償却費として損金経理をした金額に含まれることとなる（新経理通達3の2（1）の（注））ので、減価償却の償却超過額は 950,000 円となります。

　500,000 円＋ 1,000,000 円－ 550,000 円（建物の償却限度額）
　＝ 950,000

❖ 令和11年10月1日以後に免税事業者から棚卸資産を取得した場合の取扱い

　問6　当社（9月決算法人、小売業）は、インボイス制度導入後である令和12年9月1日に免税事業者から国内にある商品（家具）20個を仕入れ、その対価として220万円（11万円× 20個）を支払いました。当社は税抜経理方式で経理しており、本件取引について支払対価の額の110分の10相当額を仮払消費税等の額として経理し、決算時に雑損失として計上しました。また、この商品のうち10個は期末時点で在庫として残っています。この場合の課税仕入れに係る法人税の取扱いはどうなりますか。

〔仕入時〕

(借方)仕　　　　入　2,000,000円　(貸方)現　　　　金　2,200,000円

　　　　仮払消費税等　　200,000円

〔決算時〕

(借方)商　　　　品　1,000,000円　(貸方)仕　　　　入　1,000,000円

　　　　雑　損　失　　200,000円　　　　仮払消費税等　　200,000円

【回答】

以下のような申告調整を行います。

・別表四　所得の金額の計算に関する明細書

区　分		総　額	処　分	
			留　保	社外流出
加算	雑損失の過大計上	100,000円	100,000円	

・別表五(一)　利益積立金額及び資本金等の額の計算に関する明細書

I　利益積立金額の計算に関する明細書				
区　分	期首現在利益積立金額	当期の増減		差引翌期首現在利益積立金額
		減	増	
商品			100,000円	100,000円

【説明】

1　決算修正で税務上の適正額に修正するケース

決算修正により仕入の帳簿価額を税務上の適正額に修正すると2,200,000円（2,000,000円＋200,000円）になります。また、期中に販売した商品に係る部分の金額は売上原価として当事業年度の損金の額に算入されることから、期末在庫10個分だけを税込金額により評価することとなります。

| （仕　　　入） | 200,000 | （仮払消費税等） | 200,000 |
| （商　　　品） | 1,100,000 | （期末商品棚卸高） | 1,100,000 |

2　法人税法別表四・五㈠により調整するケース（問6の回答）

　雑損失として計上した 200,000 円のうち、期中に販売した商品に係る部分の金額は売上原価として当事業年度の損金の額に算入されていることから、期末在庫 10 個分だけを雑損失の過大計上額として別表調整することになります。

❖令和11年10月1日以後に免税事業者に経費等を支出した場合の取扱い

問7　当社（9月決算法人、小売業）は、全社員の慰安のため、インボイス制度導入後である令和12年9月1日に免税事業者が営む国内の店舗において飲食を行い、その対価として11万円を支払いました。当社は税抜経理方式で経理しており、本件取引について支払対価の額の110分の10相当額を仮払消費税等の額として経理し、決算時に雑損失として計上しました。この場合の課税仕入れに係る法人税の取扱いはどうなりますか。

〔支出時〕

（借方）福利厚生費　100,000 円　（貸方）現　　　　金　110,000 円
　　　　仮払消費税等　10,000 円

〔決算時〕

（借方）雑　損　失　10,000 円　（貸方）仮払消費税等　10,000 円

【回答】

申告調整は不要です。

【説明】

決算修正により福利厚生費の帳簿価額を税務上の適正額に修正すると 110,000 円（100,000 円 + 10,000 円）になります。ただし、福利厚生費は単純損金となる費用であるから、決算時に雑損失として仮払消費税等を損金計上したとしても、税務上の申告調整は不要となります。

❖ 免税事業者が税抜経理方式を採用した場合

免税事業者については、法人税の課税所得金額の計算上、税抜経理方式は認められません（新経理通達5）。しかし、新設の SPC などについては、免税事業者であるにもかかわらず、監査法人の要請により税抜経理方式の採用を指示されることがあります。このような場合、決算書上は棚卸資産や減価償却資産については税抜金額で計上しなければなりません。また、交際費や寄附金についても税抜金額で計上することとなりますので、法人税の課税所得金額の計算では、これらの金額を法人税法別表四で調整（税込金額に修正）する必要があるのです。

このような場合には、Q&A の「Ⅲ 会計上、インボイス制度導入前の金額で仮払消費税等を計上した場合の法人税の取扱い」問5〜問9を参考に、税務調整すべき金額を検討すればよいものと思われます。

16 公売等の特例

Q103

公売等による財産の売却については、買受人は滞納者からインボイスの交付を受けない限り、仕入税額控除は認められないこととなるのでしょうか？

A **公売等による財産の売却**については、原則として滞納者がインボイスを交付し、買受人がそのインボイスを保存する必要がありますが、「媒介者交付特例」を適用して、公売等の執行機関が滞納者に代わってインボイスを交付し、買受人がそのインボイスを保存することにより仕入税額控除を認めることとしています。

（注）　媒介者交付特例については **Q58** をご参照ください。

また、適格請求書発行事業者である滞納者の財産が公売等により処分された場合には、滞納者からの通知を受けることなく、**執行機関が滞納者に代わってインボイスを発行することができます**（消令 70 の 12 ⑤〜⑦）。

17 仕入明細書による
家事用資産の取得

Q104

買い手側が仕入明細書を作成し、その内容について売り手側の確認を受けた場合には、その仕入明細書を法定書類として仕入税額控除が認められています。この取扱いは、売り手である個人事業者の家事用資産を購入する場合でも適用することができますか。

A 　個人事業者が家事用資産を売却しても課税の対象とはなりません。よって、適格請求書発行事業者である個人事業者が家事用資産を売却してもインボイスを発行することができないため、購入資産を事業用に使用する場合であっても、購入者は仕入税額控除ができないことになります。

　そこで、令和4年度税制改正では売り手側（課税仕入れの相手側）で課税されている取引に限り、仕入明細書による仕入税額控除を認めることとしました。結果、個人事業者の家事用資産の譲渡のように売り手側で課税されていない取引（課税売上げとして申告していない取引）は、買い手側でも仕入税額控除ができないこととなります（消法

30⑨三）。

（注）　仕入明細書については **Q71** をご参照ください。

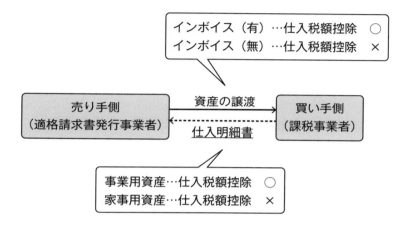

なお、中古自動車のような古物の販売業者が、サラリーマンなどの非登録事業者から購入する販売用の自動車など（古物）については、インボイスがなくても仕入税額控除が認められています（消令49①一ハ(1)、**Q68** 参照）。

ETC システムを利用した場合の利用明細書

Q105

　高速道路の利用について、いわゆる ETC システムを利用し、後日、クレジットカードにより料金を精算している場合には、クレジットカード会社から受領する利用明細書の保存により仕入税額控除を行うことはできますか？

A 　クレジットカード会社が発行する利用明細書は、インボイスの記載要件を満たしません。よって、インボイスとして利用することはできません。

　高速道路の利用について、有料道路自動料金収受システム（**ETC システム**）により料金を支払い、ETC クレジットカードで精算を行った場合には、原則として、高速道路会社が運営するホームページ（ETC 利用照会サービス）から利用証明書をダウンロードしてこれを保存する必要があります。

　ただし、高速道路の利用頻度が多いような場合には、全ての高速道路の利用について利用証明書を保存することが困難であることから、下記の書類を保存することで、仕

入税額控除を認めることとしてます（インボイス Q&A 問103）。

---

① 　クレジットカード会社から受領するクレジットカード
　利用明細書
② 　利用した高速道路会社などが発行する利用証明書

　この場合において、②の高速道路会社が発行する利用証明書は、①の利用明細書の受領ごとに（毎月）取得・保存する必要はありません。各高速道路会社ごとに、サンプルとして1回だけダウンロードし、保存しておけばよいこととされています。

　（注）　利用期間や利用年月日などの取引の詳細が記載されている高速道路会社が発行する ETC コーポレートカードや ETC パーソナルカードについては、利用区間や利用年月日などの取引の詳細が記載されていることから、その利用明細書をインボイスとして利用することができます。

19 棚卸資産に対する税額の加算調整

Q106

　免税事業者がインボイスの登録により課税事業者になった場合には、免税期間中の課税仕入れに係る棚卸資産について、仕入控除税額の計算に取り込むことが認められています（平成30年改正消令附則17）。

　では、免税期間中に非登録事業者から仕入れた棚卸資産については、令和5年10月1日から令和11年9月30日までの期間における仕入れは80%（50%）を調整税額の計算に取り込むこととなるのでしょうか？

A　免税事業者が課税事業者になった場合の保有棚卸資産の税額調整は、令和5年10月1日から令和11年9月30日までの間に認められている80%（50%）控除の経過措置にかかわらず、その全額を税額調整の対象とすることができます（平成28年改正法附則52④、53④）。

　免税事業者が課税事業者になった場合の棚卸資産に係る消費税額の加算調整の規定は、免税期間中の課税仕入れに

ついて、法定事項を帳簿へ記載することを要件に認めるものであり、インボイスの保存まで要求しているわけではありません（消法36②）。こういった理由から、免税期間中の課税仕入れに係る棚卸資産については、その全額を仕入控除税額の計算に取り込むこととしたものと思われます。

参 考

　免税事業者が課税事業者になる場合には、期首の棚卸資産は免税事業者の時代に仕入れたものであり、税額控除はしていません。これを課税事業者になってから販売した場合には、その売上げについてだけ消費税が課税されることとなるので、継続して課税事業者である事業者と比べ、不利な扱いを受けることとなってしまいます。

　そこで、免税事業者が課税事業者となった場合には、売上げに対する消費税とのバランスをとるために、例外的に期首に保有する棚卸資産について、税額控除を認めることとしています（消法36①）。

　なお、簡易課税制度の適用を受けている場合には、当然に税額調整はできませんのでご注意ください。

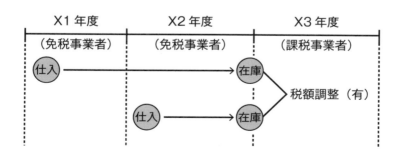

棚卸資産に対する税額の減算調整

Q107

Q106 に関連して質問します。課税事業者が免税事業者になる場合には、期末棚卸資産の仕入税額控除が制限されています。

令和5年10月1日から令和11年9月30日までの期間中に非登録事業者から仕入れた棚卸資産については、80％（50％）控除の経過措置に関係なく、課税仕入れ等の税額の全額を調整税額の計算に取り込むこととなるのでしょうか？

A 本則課税により仕入控除税額を計算している場合には、非登録事業者からの課税仕入れについて、令和5年10月1日から令和8年9月30日までの期間における仕入れは80％、令和8年10月1日から令和11年9月30日までの期間における仕入れは50％を仕入控除税額の計算に取り込むことになります。よって、期末棚卸資産の税額調整についても、80％（50％）の経過措置を適用した後の消費税額により、調整税額を計算することになります（平成28年改正法附則52④、53④）。

参　考

　課税事業者が翌課税期間から免税事業者となる場合には、期末に保有する棚卸資産は免税事業者となってから販売するものであり、その売上げについては、消費税は課税されません。

　しかし、期末棚卸資産を仕入れたのは課税事業者のときであり、その棚卸資産は販売の有無に関係なく、仕入日の属する課税期間で仕入税額控除の対象とすることができます。

　そこで、売上げに対する消費税とのバランスをとるために、原則課税を適用している事業者が翌課税期間から免税事業者になる場合には、期末棚卸資産のうち、当課税期間中に仕入れたものについては仕入税額控除を制限することとしています（消法36⑤）。

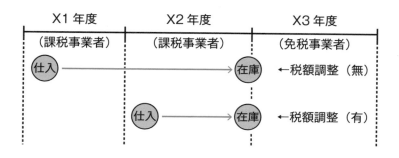

21 相続人（免税事業者）の棚卸資産に対する税額の加算調整

Q108

　適格請求書発行事業者が死亡した場合には、みなし登録期間中は、事業を承継した相続人を適格請求書発行事業者とみなし、被相続人の登録番号を相続人の登録番号とみなすこととされています（消法57の3③・④）。

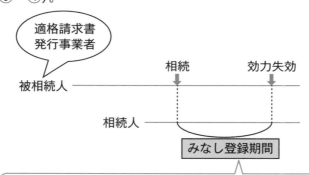

相続があった日の翌日～①と②のいずれか早い日までの期間
①　相続人が登録を受けた日の前日
②　被相続人の死亡日の翌日から4か月を経過する日

　この場合において、相続人が免税事業者だった場合における保有棚卸資産については、免税事業者が課税事業者になった場合における棚卸資産の税額調整の規定を適用することができますか？

A　適格請求書発行事業者の事業を承継した相続人が免税事業者の場合には、その免税事業者である相続人は、みなし登録期間中は課税事業者として消費税の申告義務を承継することになります。

　そこで、免税事業者の時に仕入れた棚卸資産で、みなし登録期間の初日の前日において保有するものについては、その全額を仕入控除税額の計算に取り込むことが認められています（消令70の8①）。

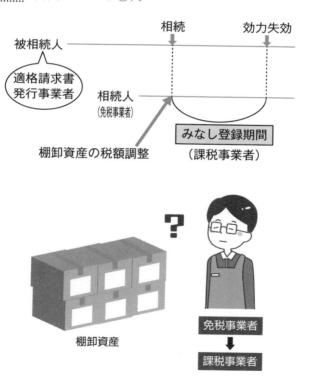

第９章／こんなときどうする？　よくある疑問と回答　259

22 相続人が免税事業者になる場合の棚卸資産に対する税額の減算調整

Q109

Q108 に関連して質問します。適格請求書発行事業者の事業を承継した相続人が、みなし登録期間を経過して免税事業者になる場合、在庫として保有する棚卸資産についての税額調整が必要になりますか？

A 適格請求書発行事業者の事業を承継した相続人が、みなし登録期間を経過して免税事業者となる場合には、みなし登録期間の末日に保有する棚卸資産について、棚卸資産の税額調整（減額）が必要になります（消令70の8②）。

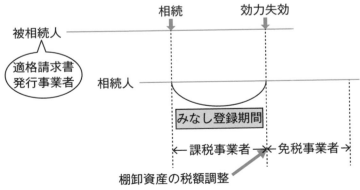

Column

イギリスの軽減税率制度

　イギリスではハンバーガーなどの温かいテイクアウト商品は20％の標準税率が適用されるのに対し、スーパーの惣菜などについては0％の軽減税率が適用されています。

　日本の消費税もそうですが、店内での飲食サービスの提供には軽減税率が適用されませんので、カフェテリアなどでサンドイッチを購入する場合には、店内飲食か持ち帰りかの違いにより適用税率が異なってくることになります。カフェテリアなどの棚に並んでいるサンドイッチには「Takeaway」「Eat in」と書かれた二つの値札が表示されており、「Eat in」すなわち「その場で食事」と書かれた値札のほうにだけ20％の付加価値税が上乗せされています。

　サンドイッチを購入するときに、客の申告に従って請求がされるわけですが、客の申告誤りや店員によるレジの打ち間違いなどは日常茶飯事であり、これが特段問題になるようなこともないとのこと……20％もの付加価値税を課しておきながら、実務における運用は呆れるほどに大雑把な国です。

別表第三法人等の仕入控除税額の制限計算

Q110

　公益法人などは、補助金などの特定収入で課税仕入れを行った場合、仕入税額控除を制限することとされていますが、非登録事業者からの課税仕入れについても仕入税額控除は制限されることとなりますか？

A　消費税法別表第三に掲げられている公益法人などが、補助金などの**特定収入**により課税仕入れを行った場合、その特定収入に係る課税仕入れ等の税額については仕入税額控除が制限されています。

　ただし、特定収入に係る課税仕入れ等の税額には、非登録事業者からの課税仕入れも含まれることとなるため、仕入税額控除が制限される「特定収入に係る課税仕入れ等の税額」が過大に算出されることとなってしまいます。

非登録事業者からの課税仕入れも**含まれる**

控除対象仕入税額

＝ 調整前の仕入税額 － 特定収入に係る課税仕入れ等の税額

非登録事業者からの課税仕入れは**含まれない**

　そこで、法令や交付要綱により報告が義務付けられている文書などにおいて、使途特定収入を非登録事業者からの課税仕入れに充てたことが確認できる場合には、その確認できる課税期間において、過大に算出された税額を調整後の仕入税額に加算できることとなりました（消令75⑧・⑨）。

1　要　件

　下記の割合が5％を超える場合には、**取戻し対象特定収入**に対する仕入税額を加算調整することができます。

$$\frac{\text{分母のうち、「控除対象外仕入れに係る支払対価の額」の合計額}}{\text{使途特定収入により支出した課税仕れに係る支払対価の額の合計額}} > 5\%$$

（注）　「控除対象外仕入れに係る支払対価の額」とは、非登録事業者から行った課税仕入れであることにより、仕入税額控除ができないこととなる課税仕入高をいいます。
　　　　また、「取戻し対象特定収入」とは、上記の割合が5％を超える場合のその使途特定収入をいいます。

2 加算調整税額の計算

　控除対象仕入税額の計算では、調整前の仕入税額から特定収入に係る課税仕入れ等の税額を控除した後で下記の調整税額を加算することができます。

■全額控除のケース

$$\boxed{\text{控除対象外仕入れに係る支払対価の額}} \times \frac{7.8}{110}\left(\frac{6.24}{108}\right) \times$$

$$(1-調整割合)=加算調整税額$$

■個別対応方式

① $\boxed{\text{課税売上対応分の控除対象外仕入れに係る支払対価の額}}$

$$\times \frac{7.8}{110}\left(\frac{6.24}{108}\right)$$

② $\boxed{\text{共通対応分の控除対象外仕入れに係る支払対価の額}}$

$$\times \frac{7.8}{110}\left(\frac{6.24}{108}\right) \times 課税売上割合等$$

③ （①＋②）×（1－調整割合）＝加算調整税額

■一括比例配分方式

$$\boxed{\text{控除対象外仕入れに係る支払対価の額}} \times \frac{7.8}{110}\left(\frac{6.24}{108}\right)$$

$$\times 課税売上割合 \times（1－調整割合）＝加算調整税額$$

（注）　加算調整税額は、取戻し対象特定収入のあった課税期間の「調整割合」により計算します。

　また、加算調整税額が、非登録事業者からの課税仕入れに対する経過措置の適用を受けるものである場合には、下表のそれぞれの期間に応じた税額を加算することになります（平成30年改正消令附則22②、23②）。

令和5年10月1日〜令和8年9月30日期間中における非登録事業者からの課税仕入れについて、「課税仕入れ等の税額×80%」を仕入控除税額の計算に取り込んでいる場合	調整税額×20%
令和8年10月1日〜令和11年9月30日期間中における非登録事業者からの課税仕入れについて、「課税仕入れ等の税額×50%」を仕入控除税額の計算に取り込んでいる場合	調整税額×50%

＜解　説＞

　使途不特定収入に対応する税額の計算では、控除対象外仕入れに対する税額（非登録事業者からの課税仕入れに充てられた税額）も調整前の税額からマイナスします。

使途不特定収入に対応する税額
＝（調整前の仕入税額－ 使途特定収入に係る税額 ）×調整割合

　　　　　　控除対象外仕入れに対する税額が含まれている

　よって、「控除対象外仕入れに対する税額×調整割合」だけ、使途不特定収入に対応する税額が減少することになります。

　加算調整税額の計算は、控除対象外仕入れに対する税額

から、この減少した「控除対象外仕入れに対する税額×調整割合」をマイナスする必要があるので、結果として「控除対象外仕入れに対する税額×（1−調整割合）」が、加算調整税額となるのです。

〔計算例〕

(1) 収入　課税収入（税抜）	10,000
非課税収入	200
使途特定収入	3,300
使途不特定収入	1,000
(2) 税込課税仕入高（税率10％）	5,500

(3) 上記(2)の他に、報告文書により明らかにされた控除対象外仕入れに係る課税仕入高 1,100 がある。

(4) 課税売上高は5億円以下で、かつ、課税売上割合が95％以上のケースである（円単位は省略表示）。

解　答

(1) 課税売上割合

$$\frac{10,000}{10,000 + 200} ≒ 98.0\% ≧ 95\%$$

(2) 課税仕入れ等の税額

$$5,500 \times \frac{7.8}{110} = 390$$

(3) 特定収入割合

$$\frac{3,300 + 1,000}{(10,000 + 200) + (3,300 + 1,000)} ≒ 29.6\% > 5\%$$

(4) 調整割合

$$\frac{1,000}{(10,000 + 200) + 1,000} ≒ 8.9\%$$

266

(5)　特定収入に係る課税仕入れ等の税額

①　$3,300 \times \dfrac{7.8}{110} = 234$

②　$(390 - 234) \times 8.9\% \fallingdotseq 13$

③　①＋②＝247

(6)　加算調整税額

$\dfrac{1,100}{3,300} \fallingdotseq 33.3\% > 5\%$

$1,100 \times \dfrac{7.8}{110} = 78$

$78 \times (1 - 8.9\%) \fallingdotseq 71$

(7)　仕入れに係る消費税額

(2)－(5)＋(6)＝214

　使途特定収入に係る税額のうち、非登録事業者からの課税仕入れに充てられた税額（78）は、使途不特定収入に対応する税額の計算で、調整前の税額（390）からマイナスします（(5)②の計算）。これにより、使途不特定収入に対応する税額が、「非登録事業者からの課税仕入れに充てられた税額×調整割合」だけ減少することになります。

　加算調整税額は、非登録事業者からの課税仕入れに充てられた税額（78）から「非登録事業者からの課税仕入れに充てられた税額×調整割合」（78 × 8.9% ≒ 7）だけ減らす必要があります（78 − 7 = 71）ので、結果として「非登録事業者からの課税仕入れに充てられた税額×（1 − 調整割合）」の算式により計算することになるのです（78 ×（1 − 8.9%）≒ 71）。

任意組合等の適格請求書等の交付

Q111

任意組合であるＪＶを組成して建設工事を受注する場合には、各組合員がそれぞれインボイスを発行する必要があるのでしょうか？

A 民法上の組合、投資事業有限責任組合、有限責任事業組合等については、「任意組合等の組合員の全てが適格請求書発行事業者である旨の届出書」を税務署長に届け出た場合に限り、インボイスの交付ができます。また、届出書の記載事項に変更があった場合には、組合契約書などの書類の写しを添付した「任意組合等の組合員の全てが適格請求書発行事業者である旨の届出事項の変更届出書」を速やかに税務署長に届け出ることが義務付けられています。

ただし、任意組合等が解散し、かつ、その清算が結了した場合には、清算人は「任意組合等の清算が結了した旨の届出書」を業務執行組合員の納税地の所轄税務署長に届け出ることが義務付けられています（消法57の6、消令70の14、インボイスＱ＆Ａ問50）。

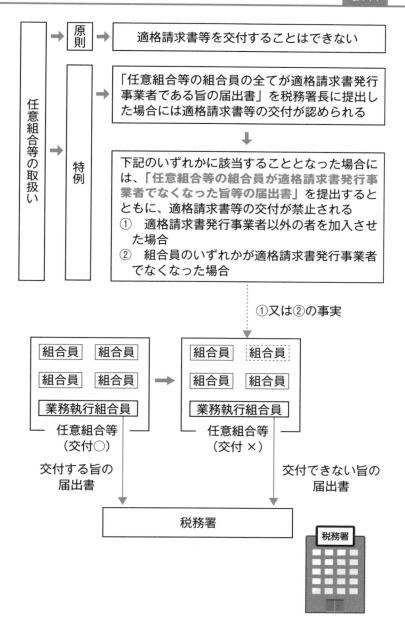

❖ 簡便的な取扱い

　新規に開業した個人事業者や新設された法人は、登録申請書の提出により、開業年又は設立年月日から適格請求書発行事業者となることができます。そこで、届出書に記載する組合員の登録番号欄に「後日提出予定」などの記載を行った上で届出書を提出し、登録通知後、速やかに任意組合等の届出書（次葉）等により、その組合員の登録番号を提出することができます。

　また、任意組合等の変更届出書は、原則として、適格請求書発行事業者である組合員の加入や離脱など、変更があった都度速やかに提出することが求められますが、そうした変更が頻繁に行われるなど、速やかな提出が困難である場合には、その任意組合等の計算期間の末日までに、その計算期間内に生じた変更事項をまとめた一覧を添付の上、任意組合等の変更届出書を提出することができます（インボイス Q&A 問 51）。

第5号様式

任意組合等の組合員の全てが適格請求書発行事業者である旨の届出書

令和　年　月　日 （収受印）	届出者	（フリガナ） 納　税　地	（〒　　-　　） （電話番号　　-　　-　　）
		（フリガナ） 氏名又は名称及び代表者氏名	
		法　人　番　号	※ 個人の方は個人番号の記載は不要です。
＿＿＿税務署長殿		登　録　番　号	T

　下記のとおり、任意組合等の組合員の全てが適格請求書発行事業者であるので、消費税法第57条の6第1項の規定により届出します。

（フリガナ） 任意組合等の名称	
（フリガナ） 任意組合等の事務所等の所在地	

届出者以外の全ての組合員の氏名又は名称及び登録番号	氏　名　又　は　名　称	登　録　番　号
		T
		T
		T
		T
		T

事　業　内　容	
存　続　期　間	自令和　年　月　日　至令和　年　月　日
参　考　事　項	
税　理　士　署　名	（電話番号　　-　　-　　）

※税務署処理欄	整　理　番　号		部　門　番　号		通　信　日　付　印 年　月　日	確認
	届出年月日	年　月　日	入力処理	年　月　日	番号確認	

注意　1　記載要領等に留意の上、記載してください。
　　　2　税務署処理欄は、記載しないでください。
　　　3　任意組合等に係る組合契約の契約書その他これに類する書類の写しを添付してください。

任意組合等の組合員の全てが適格請求書
発行事業者である旨の届出書

【　　／　　】

	氏名又は名称		
		氏名又は名称	

	氏　名　又　は　名　称		登　録　番　号
届出者以外の全ての組合員の氏名又は名称及び登録番号		〒	
		〒	
		〒	
		〒	
		〒	
		〒	
		〒	
		〒	
		〒	
		〒	
		〒	
		〒	
		〒	
		〒	
		〒	
		〒	
		〒	
		〒	

272

第7号様式

任意組合等の組合員の全てが適格請求書発行事業者である旨の届出事項の変更届出書

収受印				
令和　年　月　日	届出者	（フリガナ）		
		納　税　地	（〒　　－　　　）	
				（電話番号　　　－　　　－　　　）
		（フリガナ）		
		氏　名　又　は名　称　及　び代　表　者　氏　名		
_____ 税務署長殿		法　人　番　号	※　個人の方は個人番号の記載は不要です。	

　下記のとおり、任意組合等の組合員の全てが適格請求書発行事業者である旨の届出書の届出事項に変更があったので、消費税法施行令第70条の14第3項の規定により届出します。

（フリガナ）	
任 意 組 合 等 の 名 称	

（フリガナ）	
任 意 組 合 等 の事 務 所 等 の 所 在 地	

	変 更 年 月 日	令和　　　年　　　月　　　日
変更の内容	変 更 事 項	□　任意組合等の名称 □　任意組合等の事務所等の所在地 □　業務執行組合員の氏名又は名称 □　業務執行組合員の納税地 □　組合員の氏名又は名称 □　事業内容 □　存続期間 □　その他 〔　　　　　　　　　　　　　　　　　　〕
	（フリガナ） 変　更　前	
	（フリガナ） 変　更　後	

参　考　事　項	

税 理 士 署 名	
	（電話番号　　　－　　　－　　　）

※税務署処理欄	整 理 番 号		部 門 番 号				
	届出年月日	年　月　日	入 力 処 理	年　月　日	番 号 確 認		

注意　1　記載要領等に留意の上、記載してください。
　　　2　税務署処理欄は、記載しないでください。
　　　3　任意組合等に係る組合契約の契約書その他これに類する書類の写しを添付してください。

第6号様式

任意組合等の組合員が適格請求書 発行事業者でなくなった旨等の届出書

収受印		
令和　年　月　日 届 出 者 ＿＿＿＿　税務署長殿	（フリガナ）	
	納　税　地	（〒　　－　　） （電話番号　　　－　　　－　　　）
	（フリガナ）	
	氏 名 又 は 名 称 及 び 代 表 者 氏 名	
	法 人 番 号	※　個人の方は個人番号の記載は不要です。

　下記のとおり、組合員の全てが適格請求書発行事業者である任意組合等でなくなったので、消費税法第57条の6第2項の規定により届出します。

（ フ リ ガ ナ ）	
任 意 組 合 等 の 名 称	
（ フ リ ガ ナ ）	
任 意 組 合 等 の 事 務 所 等 の 所 在 地	
届 出 理 由 が 生 じ た 日	令和　　　年　　　月　　　日
届 出 理 由	☐　適格請求書発行事業者以外の事業者を新たに組合員として加入させたため ☐　組合員のいずれかが適格請求書発行事業者でなくなったため
任意組合等の組合員の全てが 適格請求書発行事業者である 旨の届出書を提出した日	令和　　　年　　　月　　　日
参 考 事 項	
税 理 士 署 名	（電話番号　　　－　　　－　　　）

※税務署処理欄	整 理 番 号		部 門 番 号					
	届 出 年 月 日	年　　月　　日	入 力 処 理	年　　月　　日	番 号 確 認			

注意　1　記載要領等に留意の上、記載してください。
　　　2　税務署処理欄は、記載しないでください。

274

第8号様式

任意組合等の清算が結了した旨の届出書

収受印				
令和　年　月　日	届 出 者	（フリガナ）		
		納　税　地	（〒　　－　　）	
			（電話番号　　－　　－　　）	
		（フリガナ）		
		氏　名　又　は 名　称　及　び 代　表　者　氏　名		
＿＿＿税務署長殿		法　人　番　号	※　個人の方は個人番号の記載は不要です。	

　下記のとおり、任意組合等の清算が結了したので、消費税法施行令第70条の14第4項の規定により届出します。

（フリガナ）	
任意組合等の名称	
（フリガナ）	
任意組合等の 事務所等の所在地	
清算結了年月日	令和　　年　　月　　日

任意組合等に係る組合員	届出者が業務執行組合員でない場合は、記載してください。	
	業務執行組合員	（フリガナ）	
		納　税　地	（〒　－　）
		（フリガナ）	
		氏名又は名称及び代表者氏名	
	任意組合等の組合員の全てが適格請求書発行事業者である旨の届出書を提出した日	令和　　年　　月　　日

参　考　事　項	
税　理　士　署　名	
	（電話番号　　－　　－　　）

※税務署処理欄	整理番号		部門番号		
	届出年月日	年　月　日	入力処理	年　月　日	番号確認

注意　1　記載要領等に留意の上、記載してください。
　　　2　税務署処理欄は、記載しないでください。

Column

世界三大珍味の税率

　海外でも食料品に軽減税率を適用している国が多いようですが、その線引きの方法は、お国柄も相まって実にユニークです。また、政策的な理由により軽減税率対象品目が決められたりしているケースもあります。

　海外の軽減税率制度について、フランスを例にとって紹介してみたいと思います。

　世界三大珍味といえば、言わずと知れたトリュフ、キャビア、フォアグラです。

　このうち、トリュフとフォアグラは専らフランスが産地ですが、キャビアはロシア産が有名です。本来であればこれらの高級食材はすべて標準税率（20％）で課税すべきなのでしょうが、なぜかフランスではトリュフとフォアグラだけは5.5％の軽減税率が適用されています。おそらくは、国内農業を保護するための政策だと思われますが、キャビアだけが高級品で20％課税というのはいかがなものでしょう……。

　なお、ロシアがウクライナに侵攻する前からキャビアの税率は20％ですので、ロシアに対する制裁措置ではなさそうです。

索　引

さ

【著者略歴】

熊王　征秀（くまおう・まさひで）

昭和 37 年　山梨県出身

昭和 59 年　学校法人大原学園に税理士科物品税法の講師として入
　　　　　　社し、在職中に酒税法、消費税法の講座を創設

平成 4 年　同校を退職し、会計事務所勤務。同年税理士試験合格

平成 6 年　税理士登録

平成 9 年　独立開業

現在

東京税理士会会員相談室委員

東京地方税理士会税法研究所研究員

日本税務会計学会委員

大原大学院大学教授

＜著　　書＞

・『消費税　軽減税率・インボイス　対応マニュアル』（日本法令）

・『消費税率引上げ・軽減税率・インボイス＜業種別＞対応ハンド
　ブック』（日本法令・共著）

・『不動産の取得・賃貸・譲渡・承継の消費税実務』（清文社）

・『クマオーの基礎からわかる消費税』（清文社）

・『消費税法講義録』（中央経済社）

・『クマオーの消費税インボイスの実務』（ぎょうせい）

・『逐条放談　消費税のインボイス Q&A1・2.決定版』（中央経済
　社・共著）

・『消費税トラブルの傾向と対策』（ぎょうせい）

・『クマオーの消費税トラブルバスターⅠ・Ⅱ』（ぎょうせい）

・『タダではすまない！　消費税ミス事例集』（大蔵財務協会）

・『再確認！　自分でチェックしておきたい消費税の実務』（大蔵財
　務協会）

・『消費税の納税義務者と仕入税額控除』（税務経理協会）

・『10％対応　消費税の軽減税率と日本型インボイス制度』（税務
　研究会）

・『8％対応　改正消費税のポイントとその実務』（税務研究会）

・『消費税の還付請求手続完全ガイド』（税務研究会）

・『すぐに役立つ　消費税の実務 Q&A』（税務研究会）　他

〔6訂版〕Q&Aでよくわかる
消費税 インボイス対応　要点ナビ

令和3年　7月14日　初版発行
令和5年11月10日　6訂初版

検印省略

日本法令®

〒101-0032
東京都千代田区岩本町1丁目2番19号
https://www.horei.co.jp/

著　者　熊　王　征　秀
発行者　青　木　鉱　太
編集者　岩　倉　春　光
印刷所　日　本　ハ　イ　コ　ム
製本所　国　宝　社

（営　業）　TEL　03-6858-6967　　Eメール　syuppan@horei.co.jp
（通　販）　TEL　03-6858-6966　　Eメール　book.order@horei.co.jp
（編　集）　FAX　03-6858-6957　　Eメール　tankoubon@horei.co.jp

（オンラインショップ）　https://www.horei.co.jp/iec/
（お 詫 び と 訂 正）　https://www.horei.co.jp/book/owabi.shtml
（書籍の追加情報）　https://www.horei.co.jp/book/osirasebook.shtml

※万一、本書の内容に誤記等が判明した場合には、上記「お詫びと訂正」に最新情報を掲載
　しております。ホームページに掲載されていない内容につきましては、FAXまたはEメー
　ルで編集までお問合せください。